TOP 10
BRUSELAS
BRUJAS, AMBERES Y GANTE

AF277097

Top 10 Bruselas,
Brujas, Amberes y Gante

Lo mejor de
Bruselas,
Brujas, Amberes y Gante

CONTENIDOS

Recorridos por Bruselas,
Brujas, Amberes y Gante

Datos útiles

Las listas Top 10 de esta guía no siguen un orden jerárquico en cuanto a calidad o popularidad. Cualquiera de las 10 opciones, a juicio del editor, tiene el mismo mérito.

Cubierta, lomo y primera página *La impresionante arquitectura de Brujas* **Contraportada, en sentido de las agujas del reloj desde arriba a la izquierda** *Chocolates belgas; canal de Gante; restaurantes de Bruselas; la sorprendente arquitectura de Brujas; campanario de Brujas*

La rapidez con la que cambia el mundo mantiene alerta constantemente al equipo de las Guías Visuales Top 10. Aunque hemos trabajado mucho para asegurarnos de que en esta edición de Bruselas, Brujas, Amberes y Gante la información es precisa y está al día, sabemos que los horarios de apertura varían, los estándares cambian, los precios fluctúan, se cierran sitios y en su lugar surgen otros. Por eso, si detecta que hay algo erróneo o se nos ha pasado algo, nos gustaría saberlo. Por favor, póngase en contacto con nosotros en **travelguides@dk.com**

Bienvenido a

Bruselas, Brujas, Amberes y Gante

Bruselas, capital política de Europa, y las tres grandes ciudades de Flandes ofrecen una riqueza extraordinaria a cada paso. Arte fabuloso, diseño y moda, restaurantes espectaculares, algunos de los mejores chocolates y cervezas del mundo, y un patrimonio que ha florecido desde el siglo XVI. Con la guía Top 10 Bruselas, Brujas, Amberes y Gante ya puede empezar a disfrutar.

Los esplendores de los siglos XV y XVI se pueden ver en las pinturas de Jan van Eyck, Hans Memling y sus contemporáneos en lugares como los **Musées Royaux des Beaux Arts** de Bruselas y el **Groeningemuseum** de Brujas. Este talento artístico vuelve a alcanzar nuevas alturas con Rubens, cuyas obras pueden verse en el **Koninklijk Museum voor Schone Kunsten (KMSKA)** de Amberes. La arquitectura es también digna de admiración: es recomendable visitar el **Burg** medieval de Brujas, la gótica **catedral de Amberes** y la **Grand Place** de Bruselas, de un espléndido estilo barroco flamenco.

Atracciones culturales aparte, son ciudades transitables, adaptadas a la vida moderna, con elegantes calles comerciales, animados cafés, restaurantes galardonados... y las mejores *frites*.

Tanto si se trata de un fin de semana como de una semana completa, esta guía Top 10 reúne lo mejor que pueden ofrecer estas ciudades, desde las trompetas de vidrio del **Musée des Instruments de Musique** de Bruselas y el arte más contemporáneo de la galería **SMAK** en Gante hasta los cautivadores remansos del este de Brujas y los animados bares de copas de Amberes. Encontrará todo tipo de consejos para conseguir realizar actividades gratuitas o localizar los festivales más interesantes, además de itinerarios para recorrer fácilmente varios lugares de interés en un corto espacio de tiempo. Si a esto se añaden inspiradoras fotografías y mapas detallados, se obtiene el compañero de viaje imprescindible. **Disfrute de la guía y disfrute de Bruselas, Brujas, Amberes y Gante.**

En sentido de las agujas del reloj, desde arriba: **Lier cerca de Amberes; Blinde Ezelstraat, Brujas;** gofres; **Le Botanique, Bruselas;** *El pensador* de Rodin, **Bruselas; Grand Place, Bruselas; Museo del Cómic, Bruselas**

Explorar Bruselas, Brujas, Amberes y Gante

Con tanto por ofrecer, estas ciudades están en su mejor momento, y hay mucho que ver más allá de museos y otros lugares de interés. Parte de este placer es pasear por sus calles que favorecen a los peatones y disfrutar del tiempo en restaurantes y cafés. Estos itinerarios –de dos y siete días– le ayudarán a aprovechar lo máximo de estas cuatro fascinantes ciudades belgas.

0 metros · · · 400

Simbología
— Itinerario de dos días
— Itinerario de siete días

La Grand Place dominada por el magnífico ayuntamiento de Bruselas

Dos días en Bruselas

Día ❶
MAÑANA
Comience en la **Grand Place** *(ver pp. 14-15)*. Camine por las **Galeries Royales Saint-Hubert** *(ver p. 77)* hasta llegar a la **Cathédrale des Saints Michel et Gudule** *(ver p. 74)*.
TARDE
Después de comer diríjase al **Musée des Instruments de Musique** *(ver pp. 20-21; cerrado lu)* y los **Musées Royaux des Beaux-Arts** *(ver pp. 18-19; cerrado lu)*.

Día ❷
MAÑANA
Visite **La Bourse** *(ver p. 16)*, y camine por la Place Sainte-Catherine hasta

Los **Musées Royaux des Beaux-Arts** son tres museos integrados

la iglesia de **St-Jean-Baptiste au Béguinage** *(ver p. 75)*. Pasee por la **Place des Martyrs** *(ver p. 76)* en dirección al **Museo del Cómic** *(ver pp. 24-25; cerrado lu salvo jul y ago)*.
TARDE
Coja un tranvía hasta el **Museo Horta** *(ver pp. 22-23; cerrado lu)*. Pasee por las calles *art nouveau* de alrededor.

Siete días en Bruselas, Brujas, Amberes y Gante

BRUSELAS – Día ❶
Como el día 1 de "Dos días en Bruselas".

BRUJAS – Día ❷
MAÑANA
Diríjase al **Markt** y suba el **Belfort** *(ver p. 91)* para tener una vista panorámica. Después vaya al **Burg** *(ver pp. 26-27)*.
TARDE
Camine hasta el **Groeningemuseum** *(ver pp. 30-31; cerrado mi)*, para ver su extraordinaria colección de maestros flamencos. Explore **Onze-Lieve-Vrouwekark** *(ver p. 92)* y después el **Sint-Janshospitaal** *(ver p. 92; cerrado lu)*. Pasee por el **Begijnhof** *(ver p. 93)*.

BRUJAS – Día ❸
MAÑANA
Comience en **Choco-Story** y/o el **Frietmuseum** *(ver p. 94)*, después

camine desde la **Sit-Walburgakerk** *(ver p. 94)* por el tranquilo este de Brujas *(ver p. 95)* y visite la **Sint-Annakerk,** así como el **Volkskundemuseum** *(cerrado lu)*.
TARDE
Pase la tarde en la **Jeruzalemkapel** *(cerrada do)* y el **Kantcentrum** *(ver p. 95)*, el centro de encajes que hace demostraciones por las tardes de lunes a viernes. Termine explorando aún más las calles del este de Brujas.

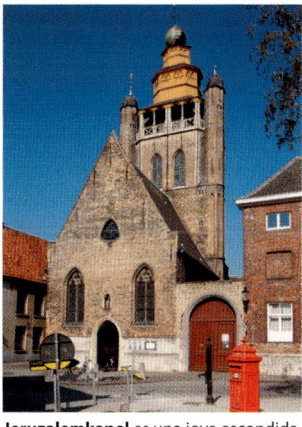
Jeruzalemkapel es una joya escondida junto al Kantcentrum

Explorar Bruselas, Brujas, Amberes y Gante

Korenlei, uno de los muelles de Amberes, es el punto de embarque para viajar en barco

---

Siete días en Bruselas, Brujas, Amberes y Gante

GANTE – Día ❹
MAÑANA
Inicie el día admirando *La adoración del cordero místico (ver pp. 32-33)* en **Sint-Baafskathedraal** *(ver p. 109)*, luego suba a la **torre Belfort** *(ver p. 109)*. Siga hasta el **Sint-Michielsbrug** en el **Graslei** y el **Korenlei** *(ver p. 109)* por sus vistas.
TARDE
Dé un paseo por el canal, visite el museo del folclore **Huis van Alijn** *(ver p. 110; cerrado lu)*, después pasee por el pintoresco barrio de **Patershol** *(ver p. 54)* detrás del museo.

GANTE – Día ❺
MAÑANA
Coja un tranvía hasta los dos grandes museos de Gante, **MSK** y **SMAK** *(ver p. 111; cerrado lu)*.
TARDE
Camine de vuelta por Citadelpark para visitar el museo de la ciudad **STAM** *(ver p. 110; cerrado mi)* antes de regresar al centro.

Simbología
— Itinerario de siete días

0 metros ——— 500

La adoración del cordero místico es lo más destacado de la Sint-Baafskathedraal de Gante

La catedral de Amberes domina la plaza del mercado medieval

AMBERES – Día ❻

MAÑANA

Admire las *guildhouses* y el ayuntamiento en el **Grote Markt** *(ver p. 101)*, después camine hasta la **catedral de Amberes** *(ver pp. 34-35)*. Visite el **Museo Vleeshuis** *(ver p. 102; cerrado lu-mi)*.

TARDE

Visite la **Sint-Pauluskerk** *(ver p. 104)*, y después continúe hacia el norte hasta el **Museo aan de Stroom** junto a la dársena *(ver p. 102; cerrado lu)*.

El **FotoMuseum Provincie (FoMu)** cubre todos los aspectos de la fotografía

AMBERES – Día ❼

MAÑANA

Para evitar multitudes comience temprano en el **KMSKA** *(ver pp. 34-35)*, después admire las artes decorativas del **Museo Mayer van den Bergh** *(ver p. 102; cerrado lu)*.

TARDE

Visite el arte radical de la galería **MUKHA** *(ver p. 104; cerrado lu)*, y visite el cercano **FotoMuseum Provincie Antwerpen (FoMu)** *(ver p. 104; cerrado lu)*. Para terminar su viaje regrese a la ciudad vieja por el **Museo Plantin-Moretus** *(ver p. 102; cerrado lu)*.

Simbología

━ Itinerario de siete días

Top 10 Bruselas, Brujas, Amberes y Gante

La magnífica arquitectura de la
Grand Place, Bruselas

TOP 10 Lo esencial de Bruselas, Brujas, Amberes y Gante

Las cuatro ciudades ilustres del norte de Bélgica comparten un rico legado cultural, aunque son muy diferentes entre sí. Cada una es un tesoro cultural, no solo por sus monumentos, sino por su delicioso y acogedor ambiente.

1 La Grand Place
Pocas ciudades pueden presumir de este conjunto arquitectónico, que tiene tres siglos *(ver pp. 14-15)*.

2 Musées Royaux des Beaux-Arts
Esta colección reúne a grandes nombres del arte como Rubens, Van Dyke y Magritte *(ver pp. 18-19)*.

3 Musée des Instruments de Musique
Ubicado en un fabuloso edificio *art nouveau*, el MIM contiene miles de instrumentos *(ver pp. 20-21)*.

4 Museo Horta
El arquitecto Victor Horta fue el padre del *art nouveau*; su propia casa lo demuestra y se conserva como santuario del *art nouveau* (ver pp. 22-23).

5 Museo del Cómic
Este museo dedicado al cómic revela todos los secretos de este género tan belga. Destaca Tintín *(ver pp. 24-25)*.

Burg **6**

El casco antiguo de Brujas es una joya arquitectónica, una plaza pequeña rodeada de edificios históricos con hastiales, todos decorados con fascinantes detalles *(ver pp. 26-27).*

Groeningemuseum y Sint-Janshospitaal **7**

Los grandes artistas flamencos de comienzos del siglo XV destacaron por sus pinturas al óleo. Estas dos colecciones son prueba irrefutable de sus excelentes habilidades *(ver pp. 30-31).*

La adoración del cordero místico **8**

Este retablo políptico de Jan van Eyck y su hermano Hubert de 1426-1432 es uno de los grandes tesoros artísticos de Europa *(ver pp. 36-37).*

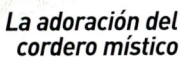

10 Koninklijk Museum voor Schone Kunsten (KMSKA)

El Museo Real de Bellas Artes alberga una admirable colección de obras maestras.

Catedral de Amberes **9**

La catedral es el monumento más emblemático de Amberes, así como la iglesia gótica más grande de Bélgica. Su impresionante interior luce algunos trípticos excepcionales *(ver pp. 32-33).*

🏆 La Grand Place

La Grand Place de Bruselas, centro neurálgico de la ciudad, es un magnífico e inspirador exponente de arquitectura unificada. Tiene esculturas simbólicas y adornos dorados, la plaza fue durante muchos siglos el corazón económico y administrativo de la ciudad. En ella se celebraban mercados y ferias, desfiles y justas, se proclamaban los nuevos decretos y se llevaban a cabo las ejecuciones públicas. Desaparecido su viejo prestigio y cerrada al tráfico, la Grand Place sigue llena de actividad.

⑤ Hôtel de Ville

El ayuntamiento fue el primer edificio de importancia que ocupó la Grand Place. De la estructura original del siglo XV conserva la aguja, con una estatua de san Miguel matando al demonio.

① Le Cornet

Este edificio (n° 6) albergó el gremio de los barqueros. Su ornamentación se refleja también en la última planta, cuya forma imita la popa de un galeón *(arriba)*.

② Le Cygne

El Cisne (n° 9) se reconstruyó como residencia particular en 1698, pero pasó a manos del gremio de los carniceros en 1720. Más tarde alojó un café donde Karl Marx celebraba las reuniones del Partido de los Trabajadores.

③ Le Renard

El Zorro (n° 7) era una casa gremial, sede del gremio de los camiseros. Una estatua dorada de un zorro *(derecha)* que se encuentra encima de la puerta ilustra el antiguo nombre del edificio.

④ Maison des Brasseurs

L'Arbre d'Or (el Árbol Dorado), la casa gremial de los cerveceros (n° 10), fue proyectada por Guillaume de Bruyn. Hoy la ocupa la Confédération des Brasseurs y alberga un pequeño museo de la cerveza.

INFORMACIÓN ÚTIL
PLANO C3

Hôtel de Ville: Horario de visitas: 14.00 mi, 10.00, 15.00 y 16.00 do; llegar 15 min antes; entrada: 8 €.

Maison du Roi (Musée de la Ville de Bruxelles): 10-17.00 ma-do; cerrado fiestas oficiales. 02 279 43 50; entrada: 8 €.

Maison des Brasseurs (Museo Belga de la Cerveza): 11.00-18.00 mi-sá; 02 511 49 87; entrada: 5 €

■ Dos restaurantes de la Grand Place son caros, pero merecen una visita por su aire bruselense. Son Le Roy d'Espagne en el n° 1 y La Chaloupe d'Or, en los n°s 24-25. 'T Kelderke, en el n° 15, cuenta con una bóveda de ladrillo del siglo VII.

■ La oficina de turismo que está en el Hôtel de Ville, ofrece información muy útil.

6 Maison du Roi

La Casa del Rey de estilo medieval acoge al Musée de la Ville de Bruxelles, un museo consagrado a la historia de la ciudad que incluye los trajes del Manneken Pis *(ver p. 16)*.

8 Tapis de Fleurs

En años pares y durante cinco días a mediados de agosto, la Grand Place acoge una muestra floral conocida como el Tapiz de Flores *(abajo)*.

ORÍGENES Y RECONSTRUCCIÓN

Las casas gremiales de la Grand Place presentan en su mayoría un estilo barroco flamenco de principios del siglo XVIII. Sin embargo, la uniformidad arquitectónica refleja escasa planificación urbanística. Los días 13 y 14 de agosto de 1695, las tropas del mariscal de Villeroy, por orden de Luis XIV, apuntaron sus cañones hacia la aguja del Hôtel de Ville y redujeron a escombros el centro de la ciudad. Desafiando al poder francés, los ciudadanos iniciaron su reconstrucción.

Plano de la Grand Place

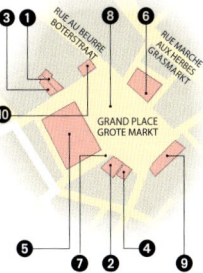

7 Estatua de Everard 't Serclaes

El famoso bruselense murió aquí en 1388 durante la resistencia a la ocupación flamenca. Los supersticiosos tocan su estatua de bronce para tener suerte *(abajo)*.

9 Maison des Ducs de Brabant

La imponente fachada del siglo XVII del lado sureste de la plaza abarca siete casas y está decorada con los bustos de los duques de Brabante.

10 Maison des Boulangers

La sede del gremio de panaderos, en el nº 1, está revestida de seis figuras que representan los seis elementos para la fabricación del pan. La linterna octogonal de la cubierta está rematada con una magnífica estatua de la Fama.

Alrededores de la Grand Place

Restaurantes en la Rue des Bouchers

1 Rue des Bouchers
PLANO C3

Muchas de las calles de los alrededores de la plaza revelan pistas de los oficios que antaño operaban en ellas. La calle de los Carniceros y la Petit Rue des Bouchers que la cruza son célebres por sus animados restaurantes.

2 Musée du Costume et de la Dentelle
PLANO C3 ■ Rue de la Violette 12 ■ 02 213 44 50 ■ Horario: 10.00-17.00 ma-do ■ Se cobra entrada (gratis primer do del mes)

Este museo del traje y el encaje ofrece una selecta exposición de piezas históricas.

3 La Bourse
PLANO B3 ■ Bruxella 1238 ■ 02 279 43 50

La Bolsa de Bruselas es un elemento imprescindible del paisaje de la ciudad. Se edificó en 1873 al estilo de un templo griego y con una profusa decoración. Tras años de abandono y una profunda renovación, ahora luce espléndida. En ella se organizan exposiciones temporales y conciertos. Cerca se

Detalle de la fachada de La Bourse

encuentra Bruxella 1238, que muestra hallazgos arqueológicos y las ruinas del convento franciscano sobre el que se construyó La Bourse.

4 Manneken Pis
PLANO B3 ■ Esquina de Rue de l'Étuve con Rue du Chêne

Nadie sabe por qué esta estatua de bronce de un niño orinando agua se ha convertido en un símbolo de Bruselas. Desde comienzos del siglo XVIII se han confeccionado para él todo tipo de trajes.

Galeries Royales Saint-Hubert

5 Galeries Royales Saint-Hubert
PLANO C3

Fue la primera galería comercial de Europa y se inauguró en 1847. Magníficos techos abovedados.

6 Place Saint-Géry
PLANO B3

La plaza que marca el enclave del primer asentamiento de la zona está presidida por Les Halles de Saint-Géry, un interesante edificio de hierro y ladrillo rojo erigido en 1881 como mercado de carne. Les Halles, ahora centro de artesanía, espacio de exposiciones y café, son el corazón de un barrio conocido por su vida nocturna.

⑦ Maison Dandoy
PLANO C3 ▪ Rue au Beurre 31

Los mejores fabricantes de galletas de Bruselas desarrollan su oficio desde 1829. Tras el seductor escaparate se despliega todo un batallón de delicias como *speculoos*, *sablés* y gofres.

⑧ Estatua de Charles Buls
PLANO C3

En la Place Agora se eleva una de las estatuas más exquisitas de Bruselas, el retrato del erudito y reformista Charles Bules (1837-1914) junto a su perro. A Buls, que trabajó como alcalde o burgomaestre de 1891 a 1899, se le atribuye la restauración de la Grand Place.

Église Notre-Dame de Bon Secours

⑨ Église Saint-Nicolas
PLANO C3 ▪ Rue au Beurre 1 ▪ 02 213 00 65 ▪ 10.00-18.00 lu-vi, 9.00-18.00 sá y do

San Nicolás de Myra o Santa Claus era el santo patrón de los mercaderes, y la iglesia ha sido templo de los comerciantes de la plaza y alrededores desde el siglo XIV. El interior conserva su aspecto medieval a pesar de su profanación por rebeldes protestantes en el siglo XVI y por los daños sufridos en el bombardeo de 1695.

⑩ Église Notre-Dame de Bon Secours
PLANO B3 ▪ Rue du Marché au Charbon 91 ▪ 02 514 31 13 ▪ 9.00-17.00 todos los días

El rasgo más sorprendente de esta iglesia, erigida entre 1664 y 1694, es el altísimo coro hexagonal que se eleva hasta el techo abovedado. La fachada luce el escudo de quien fuera en el siglo XVIII el gobernador de los Países Bajos Austriacos, Carlos de Lorena.

ÎLE SAINT-GÉRY Y EL RÍO SENNE

Bruselas tuvo su origen en un grupo de pequeñas islas de un río pantanoso. Se dice que en el siglo VI, san Géry, obispo de Cambrai, fundó una iglesia en una de ellas y que a su alrededor creció una pequeña comunidad. El nombre Broeksele (después Bruselas), que significa "casa en el pantano", aparece documentado por primera vez en 966. Carlos, duque de Lorena, erigió un castillo en la isla diez años después, con el consiguiente florecimiento de la ciudad. El río Senne discurrió por el centro de la ciudad hasta el siglo XIX. De escaso caudal, no tardó en convertirse en una amenaza para la salud de la población, y después de una epidemia de cólera el río fue drenado entre 1867 y 1871.

Con el proyecto aparecieron los bulevares Anspach y Adolphe Max, entre otros, y el río pasó a formar parte del nuevo sistema de alcantarillado y desagüe. Hoy pueden verse sus aguas todavía en algunos puntos de la ciudad.

El río Senne en 1587

TOP10 ★ Musées Royaux des Beaux-Arts

Los Reales Museos de Bellas Artes de Bruselas son magistrales. Aquí se hallan representados muchos de los más destacados artistas de la historia. Los museos están divididos en cuatro zonas integradas: el Museo de los Viejos Maestros (siglo XV al XVIII), el Musée Fin-de-Siècle (siglo XIX y principios del XX), el Museo Moderno y el Museo Magritte. En su conjunto representan una de las más completas colecciones de arte flamenco del mundo.

Realismo a post-impresionismo (Musée Fin-de-Siècle)

1 Los artistas belgas se hicieron eco de los movimientos artísticos franceses pero aplicaron su propia originalidad. El realismo social emana de las obras de Hyppolyte Boulenger; las bucólicas escenas de Émile Claus reflejan el estilo impresionista tardío, el luminismo; el estilo postimpresionista de Henri Evenepoel recuerda de Degas; James Ensor anticipa a los expresionistas *(derecha)*.

3 Colección Gillion Crowet (Musée Fin-de-Siècle)

Esta excepcional colección muestra las obras de los maestros de *art nouveau* como Victor Horta, Emile Galle, Alphonse Mucha y Fernand Khnopff *(abajo)*.

2 Pintura neerlandesa antigua (Museo de los Viejos Maestros)

En la colección del museo hay obras de Rogier van der Weyden *(arriba)*, Hans Memling, Dirk Bouts, Petrus Christus, Rachel Ruysch y muchos otros. Los "primitivos flamencos" perfeccionaron la técnica de la pintura al óleo y tuvieron una gran influencia en el arte italiano.

4 Museo de los Viejos Maestros

Esta rica colección abarca los siglos XV al XVIII, e incluye a los primitivos flamencos, a los maestros del siglo XVI, a Pieter Bruegel el Viejo y obras magníficas de Rubens, Van Dyck y Jordaens. Está centrada en el arte belga y también posee obras de los principales maestros europeos como Claude Lorrain, Tiepolo y Jacques-Louis David (incluida su *Muerte de Marat*).

INFORMACIÓN ÚTIL

PLANO C4 ■ Rue de la Régence 3 ■ 02 508 32 11 ■ www.fine-arts-museum.be

Horario: 10.00-17.00 ma-vi, 11-18.00 sá-do

Entrada: 15 € incluye los museos Viejos Maestros, Fin-de-Siecle y Magritte; 10 € Viejos Maestros y Magritte; 10 € Museo Magritte; entrada reducida para mayores de 65 años (10 €, 8 € y 8 €); gratis menores de 19 años y 1er mi del mes a partir 13.00

■ Cada museo tiene su propia cafetería, pero resulta más atractivo el restaurante MIM, en la planta superior del vecino Musée des Instruments de Musique *(ver pp. 20-21)*, y los cafés de la Place du Grand Sablon, a escasa distancia andando y entre los que destaca la chocolatería Wittamer *(ver p. 80)*.

■ Los museos suelen estar más tranquilos al mediodía a mitad de la semana, por lo que puede ser un buen momento para una visita.

⑤ Museo Magritte
La obra de René Magritte *(arriba)* sorprende verla de cerca. Este museo, que forma parte de los Musées Royaux des Beaux-Arts, alberga la mayor colección del mundo de su obra.

⑥ Musée Fin-de-Siècle
Este museo no solo se dedica a la pintura y la escultura, sino también a objetos y arquitectura *art nouveau* de 1884 a 1914.

⑦ Museo Moderno
La colección de arte de los siglos XX y XXI *(abajo)* del museo, en la que están representados los artistas más importantes del país, se muestra mediante un programa continuo de exposiciones temporales.

⑧ La Colección de Rubens (Museo de los Viejos Maestros)
Para quienes solo identifiquen a Rubens por sus mujeres orondas desnudas, esta colección es un descubrimiento donde se despliega su vigor, su espontaneidad y su arriesgado arte.

⑨ Los edificios
En el corazón del Coudenberg, el antiguo distrito noble de Bruselas, los edificios principales del museo los proyectó uno de los arquitectos belgas más destacados de su tiempo, Alphonse Balat (1818-1895).

⑩ Simbolismo belga (Musée Fin-de-Siécle)
Disfrute con la inventiva y las habilidades de artistas como Léon Spilliaert, Jean Delville y Léon Frédéric.

Guía del museo
El Museo de los Viejos Maestros está dispuesto en orden en la amplia plata superior del edificio. El Musée Fin-de-Siècle ocupa un edificio hundido en espiral construido originalmente para albergar la colección moderna. El Museo Magritte ocupa las cinco plantas de un edificio contiguo. Los visitantes pueden decidir visitarlos individualmente, pero es mucho más barato comprar una entrada "combinada" que permite acceder a todos.

TOP 10 ⭐ Musée des Instruments de Musique

El Musée des Instruments de Musique (MIM) posee una colección excepcional de instrumentos musicales antiguos y modernos, incluyendo la mayor colección de instrumentos de Adolphe Sax. La exposición, seleccionada a partir de una colección de más de 7.000 piezas, ha sido magníficamente reordenada, y el visitante puede escuchar cómo suenan los instrumentos a través de auriculares. El museo está ubicado en un lugar muy estimulante: el clásico edificio *art nouveau* Old England.

1 Edificio Old England
El edificio se completó en 1899 y es un clásico exponente de las innovadoras estructuras de hierro y vidrio del *art nouveau (abajo)*. El interior es igualmente impresionante.

2 Fondo histórico
Esta sección ilustra la evolución de los instrumentos artísticos occidentales desde la antigüedad al renacimiento y de ahí al siglo XIX. A través de los auriculares se pueden experimentar los sonidos musicales.

3 Instrumentos de cuerda
En la segunda planta se halla ubicada la sección de instrumentos de cuerda, donde se exponen numerosos violines *(derecha)*, salterios, dulzainas, arpas, laúdes y guitarras. También hay un taller de un fabricante de violines.

4 Instrumentos del siglo XX
La tecnología ha sido muy importante para la música durante el final del siglo XX, ejemplos de ello son la amplificación eléctrica a los sintetizadores y la música por ordenador. Esta pequeña colección ofrece un repaso por estos instrumentos. Si no se conoce el *ondes martenot* este es el lugar donde descubrirlo.

5 Instrumentos del mundo
El MIM cuenta con una impresionante sección dedicada a la música étnica, siringas, cítaras, arpas y tambores africanos, conjuntos instrumentales gamelan y cuernos decorativos *(abajo)*.

6 Instrumentos mecánicos
El ingenio de los fabricantes de instrumentos es el protagonista de esta colección, que incluye cajas de música extremadamente complejas y un carillón.

7 Restaurante MIM

Aunque actualmente se está reformando el restaurante, vale la pena subir a la décima planta para disfrutar de la vista. Desde aquí se divisa la estatua de san Miguel sobre el Hôtel de Ville y algo más allá la Basilique Nationale y el Atomium.

10 Sistema de guía para visitantes

Al acercarse a algunos instrumentos se activan grabaciones y fotografías.

Trombón de seis válvulas

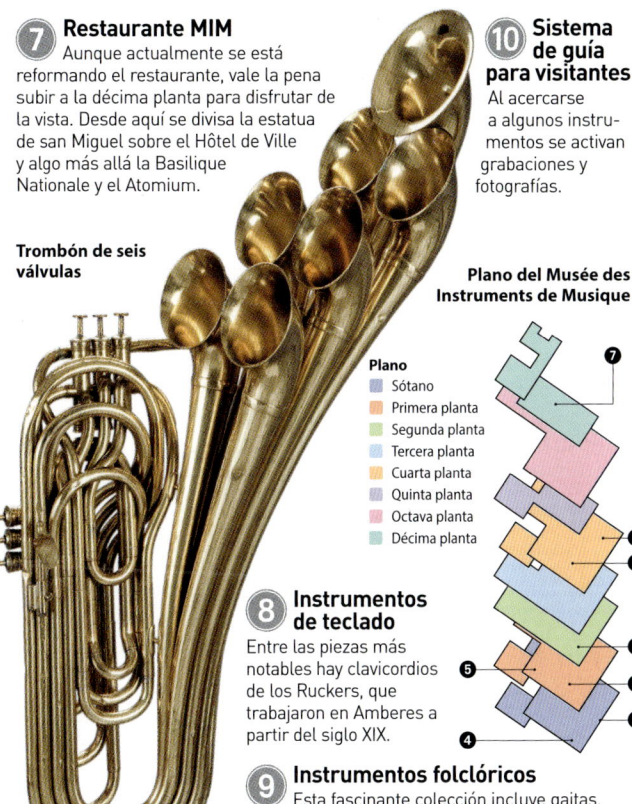

Plano del Musée des Instruments de Musique

Plano
- ■ Sótano
- ■ Primera planta
- ■ Segunda planta
- ■ Tercera planta
- ■ Cuarta planta
- ■ Quinta planta
- ■ Octava planta
- ■ Décima planta

8 Instrumentos de teclado

Entre las piezas más notables hay clavicordios de los Ruckers, que trabajaron en Amberes a partir del siglo XIX.

9 Instrumentos folclóricos

Esta fascinante colección incluye gaitas, matracas, acordeones, organillos y espléndidas piezas singulares, entre ellas una colección de trompetas de cristal belgas.

INFORMACIÓN ÚTIL

PLANO D4 ■ Rue Montagne de la Cour 2 ■ 02 545 01 30 ■ www.mim.be

Horario: 9.30-17.00 ma-vi, 10.00-17.00 sá-do

Entrada: 15 € (gratis menores de 18 años y 1er mi mes después 13.00)

■ Hasta que vuelva a abrir el restaurante de la última planta se puede ir a los cafés de la cercana Place du Grand Sablon.

■ La visita al museo lleva de dos a tres horas. Aunque el museo cierra a las 17.00, las salas deben quedar vacías antes de las 16.45.

Guía del museo
El museo ocupa cuatro de las diez plantas del edifico. La planta -1 alberga *Musicus mechanicus*, una exposición de instrumentos mecánicos, eléctricos y electrónicos. La primera planta exhibe instrumentos del mundo.

La segunda planta tiene una muestra histórica de instrumentos occidentales, desde los orígenes egipcios a las innovaciones del siglo XIX. La cuarta planta está dedicada principalmente a la historia de los teclados y los instrumentos de cuerda. Hay una tienda en la tercera planta, una biblioteca en la quinta y una sala de conciertos en la octava; el restaurante se encuentra en la última planta.

TOP 10 ★ Museo Horta

A finales del siglo XIX, Bruselas era un importante centro del diseño vanguardista y una ciudad en expansión. Para alimentar la demanda de mansiones de diseño, los arquitectos rastrearon la historia en busca de ideas y crearon el llamado estilo ecléctico. En 1893, el arquitecto Victor Horta ideó un estilo completamente nuevo –*art nouveau*–, repleto de curvas voluptuosas y líneas naturalistas, elaboradas con hierro forjado, vidrieras, mosaicos, murales y fina ebanistería. Horta llevó el *art nouveau* a su máxima expresión en la construcción de su casa, hoy el Musée Horta.

Edificio ①
Cuando realizaba proyectos para sus clientes, Horta estudiaba cómo vivían. Su casa *(derecha)* está diseñada en dos partes diferenciadas: a la izquierda está su residencia y a la derecha las oficinas y el estudio del arquitecto.

Mobiliario ②
Horta también diseñaba los muebles para los interiores de sus proyectos. Aunque el estilo es claramente *art nouveau*, los muebles tienden a ser sencillos y prácticos.

Carpintería de madera ③
El diseño *art nouveau* es a la vez austero y lujoso. La madera delicadamente tallada del comedor se ha dejado en estado natural para que se pueda admirar su buena calidad.

Maqueta de la Maison du Peuple ⑥
Horta destacó por sus proyectos para edificios comerciales y públicos. La Maison du Peuple fue un innovador edificio de hierro fundido que erigió para la Société Coopérative en 1895. En el sótano se puede ver una maqueta del edificio.

Colección de esculturas *art nouveau* ④
A lo largo del museo hay varias esculturas de finales del siglo XIX de artistas belgas. Se puede contemplar *La Ronde des Heures (abajo)*, en la primera planta. Este bronce fue esculpido por Philippe Wolfers (1858-1929), uno de los joyeros y orfebres *art nouveau* que trabajó con Horta.

Carpintería metálica ⑤
Horta utilizó estructuras de hierro para soportar sus casas, una innovación para la época. Aprovechó estos elementos estructurales en el diseño interior y quiso que algunos quedaran expuestos con acabados ornamentales en hierro forjado *(izquierda)*.

Cristal emplomado ⑦
La naturaleza del cristal emplomado estimuló la creatividad de los arquitectos del *art nouveau*. Aparece en varios elementos de la casa, especialmente en las puertas y lucernario de la escalinata.

8 Mosaicos

Las sinuosas líneas del diseño *art nouveau* de los suelos de mosaico del comedor *(izquierda)* suavizan el efecto del revestimiento de ladrillo esmaltado de blanco de las paredes.

VICTOR HORTA

Hijo de un zapatero de Gante, Victor Horta (1861-1947) estudió arquitectura a partir de los 13 años. Tras proyectar el Hôtel Tassel *(ver p. 48)* entre 1893 y 1895, su reputación aumentó. A partir de entonces diseñó casas, grandes almacenes y edificios públicos. Después de la Primera Guerra Mundial, el *art nouveau* entró en declive y Horta optó por el estilo *art déco,* que puede verse en su Palais des Beaux-Arts en Bruselas. Horta recibió el título de barón en 1932.

INFORMACIÓN ÚTIL

PLANO C8 ▪ Rue Américaine 27, 1060 BRU (Saint-Gilles)
▪ 02 543 04 90
▪ www.hortamuseum.be

Horario: 14.00-17.30 ma-vi, 11.00-17.30 sá y do; cerrado festivos; es importante reservar con antelación

Entrada: 12 €; gratis 1er do del mes

▪ Hay diversos bares y cafés interesantes en los alrededores de la Place du Châtelin. Se puede almorzar en el encantador La Canne en Ville *(ver p. 87)* o en La Quincaillerie en la Rue du Page *(ver p. 87),* de 1903 y mucho *art nouveau.*

▪ El Museo Horta está situado en el corazón de un conjunto de edificios *art nouveau.* Entre las calles dignas de una visita se incluyen Rue Defacqz, Rue Faider y Rue Paul-Émile Janson. El Hôtel Hannon queda cerca *(ver pp. 48-49).*

9 Escalinata

El espacio interior se distribuye en torno a una escalinata central, iluminada por un lucernario curvo. El pasamanos de hierro luce unas líneas onduladas y exuberantes *(arriba).*

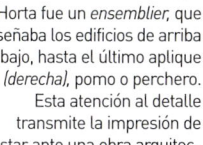

Apliques y accesorios 10

Horta fue un *ensemblier,* que diseñaba los edificios de arriba abajo, hasta el último aplique *(derecha),* pomo o perchero. Esta atención al detalle transmite la impresión de estar ante una obra arquitectónica completa donde nada se ha dejado al azar.

Páginas siguientes Cathédrale des Saints Michel et Gudule, Bruselas

 **Museo del Cómic**

Todo el mundo ha oído hablar de Tintín, probablemente el belga más famoso, pero este héroe de tebeo es solo uno de los cientos que han sido creados en Bélgica durante el último siglo. Aquí se considera al cómic o *bande dessinee* el noveno arte. La biblioteca del Museo del Cómic de Bruselas contiene 40.000 volúmenes. El museo (formalmente llamado el Centre Belge de la Bande Dessinée) está alojado en una fábrica rehabilitada, repasa la historia del cómic, su proceso de creación y muestra a los personajes más conocidos y a sus creadores.

1 Invención del cómic

Esta exposición explora cómo comenzó la tira cómica *(abajo)*. Descubre la historia de este arte y su uso por las civilizaciones de todo el mundo, desde el arte rupestre al arte de las revistas del siglo XIX.

4 Edificio

El museo *(derecha)* ocupa el antiguo edificio de Magasins Wauquez, una construcción *art nouveau* de hierro forjado que soporta grandes superficies de vidrio y que fue diseñada por Victor Horta entre 1903 y 1906 *(ver p. 49)*.

Plano del Museo del Cómic

2 El arte del cómic

Esta muestra recoge una selección de dibujos originales en los que se puede ver cómo se hacen las tiras cómicas. Una amplia gama de artistas, donaron sus bocetos y estudios para mostrar cada paso del proceso de creación de una historieta.

5 Librería País de los Sueños

La librería toma su nombre de la aventura de Little Nemo y vende objetos relacionados con el cómic.

6 La exposición Peyo

Esta exposición permanente está dedicada a Peyo, creador de *Los Pitufos*. Hay un pueblo de pitufos que recibe a todos los visitantes.

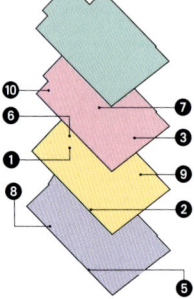

3 Pieter De Poortere Auditorium

Creado por Pieter De Poortere, Dickie es un personaje de revista adoptado por la pantalla. Aquí podrá ver gags de tiras cómicas y dibujos animados famosos.

Plano
- 🟪 Planta baja
- 🟨 Primera planta
- 🟥 Segunda planta
- 🟩 Tercera planta

7 Horta y el almacén Waucquez

La exposición recorre la historia de este antiguo almacén *art nouveau (izquierda)*.

8 Biblioteca

La biblioteca tiene una sala pública de lectura, accesible con la entrada del museo.

TINTÍN

La historia de Tintín se remonta a 1929, cuando apareció por primera vez en el suplemento infantil *Le Petit Vingtième* de un periódico. Su autor, el bruselense Hergé (Georges Rémi, *ver p. 42*) creó la vida del personaje a lo largo de una serie de aventuras relacionadas con eventos reales, como el aumento del racismo *(El cetro de Ottakar)*. El eterno encanto de Tintín reside en su inocente determinación y en los personajes arquetípicos que le rodean, como el capitán Haddock y su fiel perro, Milú.

9 Galería

El espacio para exposiciones de la galería muestra una amplia gama de álbumes internacionales, tanto de estilo clásico como contemporáneo. El espacio está dedicado a los nuevos cómics de diferentes géneros, como fantasía, sátira y crímenes.

10 Tintín

El gran héroe del museo es el famoso joven reportero Tintín que creara Hergé. Traducido a unos 40 idiomas, este cómic ha vendido en el mundo más de 140 millones de copias. El museo honra su fama mostrando objetos relacionados con los personajes principales *(abajo)*, y el cohete del viaje a la Luna.

INFORMACIÓN ÚTIL

PLANO D2 ■ Rue des Sables 20 ■ 02 219 19 80 ■ www.comicscenter.net

Horario: 10.00-18.00 ma-do (jul y ago todos los días)

Entrada: 13 €

■ La Brasserie Horta del museo sirve una buena variedad de almuerzos. Si se busca otra cosa, el centro queda a 10-15 minutos andando de la Grand Place y de su infinidad de cafés y restaurantes. Aún más cerca está el bar À la Mort Subite *(ver p. 80),* un local típico donde probar la cerveza *gueuze*.

■ El museo no está orientado para los niños, sobre todo si no hablan francés o flamenco. Se trata principalmente de un museo sobre la evolución de este arte. Hay guías gratuitas en inglés.

TOP 10 ★ Burg

Brujas nació hacia el siglo X a partir de un castillo construido en una zona pantanosa formada por el río Reie. El castillo ya no existe, pero la preciosa plaza que lo reemplazó, el Burg, ha sido el corazón histórico de la ciudad. El edificio más relevante es el Stadhuis, un ayuntamiento de finales del medievo, época en la que Brujas era un destacado centro de comercio internacional. En los edificios de la plaza pueden verse los estilos arquitectónicos desde el gótico en adelante, y su visita desvela muchos de los fascinantes secretos que oculta esta ciudad.

Plano del Burg

1 Breidelstraat

La bonita calle que comunica la plaza del mercado o Markt con el Burg está flanqueada por tiendas que venden recuerdos y uno de los productos más famosos de la ciudad, el encaje.

2 Blinde Ezelstraat

Bajo el arco que une la Oude Griffie con el Stadhuis (arriba), al sur de la plaza, arranca una pintoresca calle cuyo nombre, calle del Asno Ciego, puede estar relacionado con una posada famosa por su cerveza.

4 Heilig Bloedbasiliek

En la cara oeste del Burg se eleva la basílica de la Santa Sangre (derecha), cuya capilla superior se restauró en estilo neogótico a finales del siglo XIX. En la capilla hay un relicario de sangre que dicen perteneció a Cristo.

3 Renaissancezaal van het Brugse Vrije

En una esquina del Burg se encuentra el salón renacentista, cuya pieza estrella es la chimenea Carlos V, una magnífica obra de ebanistería del siglo XVI.

⑤ Stadhuis

El ayuntamiento, uno de los más notables edificios seculares de la Edad Media *(arriba)* y expresión de la pujanza de Brujas en esta época, se construyó entre 1376 y 1421 en estilo gótico flamígero.

Vista a ojo de pájaro del Stadhuis y el Burg

⑥ Proosdij

La Casa del Preboste en la cara norte del Burg es de estilo barroco flamenco (1622), y luce una balaustrada rematada con la figura de la Justicia.

⑦ Landhuis van het Brugse Vrije

Esta sobria mansión del siglo XVIII fue la sede central de la Libertad de Brujas, una jurisdicción administrativa que cubría gran parte de los alrededores de la ciudad, al tiempo que Brujas se autogobernaba.

⑧ Capilla de San Basilio

Bajo la Heilig Bloedbasiliek descansa otra capilla, aunque completamente diferente. Erigida en el siglo XII en piedra gris y casi completamente desprovista de decoración, se trata de un magnífico exponente del estilo románico.

⑨ Oude Civiele Griffie

El Renacimiento no tuvo demasiado eco en la arquitectura de Brujas; este Antiguo Registro Civil de 1534-1537 es la excepción.

⑩ Cara norte

Este pequeño parque ocupa el emplazamiento de Sint-Donaaskerk *(ver recuadro)*. La estatua de bronce de *Los amantes* (1986) es del escultor local Stefaan Depuydt y su esposa.

LA CATEDRAL DESAPARECIDA

En las imágenes del centro de Brujas anteriores a 1799 la impresionante silueta de la Sint-Donaaskerk ocupa la cara norte del Burg. La primera iglesia que ocupó el lugar databa de los orígenes de la ciudad, y en ella fue enterrado Jan van Eyck. La iglesia fue ampliada a lo largo de los siglos y en 1559 se convirtió en la catedral de la ciudad. Los ejércitos revolucionarios franceses la destruyeron durante la ocupación. Hoy se ven restos de los cimientos en el hotel Crowne Plaza *(ver p. 127)*.

INFORMACIÓN ÚTIL
PLANO L4

Renaissancezaal van het Brugse Vrije: Burg 11a; 9.30-17.00 sá y do, entrada: 8 € (menores de 12 años, gratis), incluida en la entrada para el Stadhuis

Heilig Bloedbasiliek/ St Basil's Chapel: Burg 13; 10.00-17.15 todos los días; la reliquia puede ser venerada 14.00-16.00 todos los días, entrada Schatkamer (museo): 5 € (menores de 12 años gratis)

Stadhuis: Burg 12; 9.30-17.00 todos los días, entrada: 8 € (inc. audio-guía y entrada a Renaissancezaal; gratis menores 12 años)

■ De Garre *(ver p. 97)*, al lado de Burg, es un antiguo café donde sirven bebidas y aperitivos.

■ Todos los lugares de interés del Burg se pueden ver en una hora o dos.

Páginas siguientes *Interior gótico del Stadhuis (ayuntamiento) de Brujas*

🔟⭐ Dos museos de Brujas

Estos museos, en lugares diferentes pero cercanos, contienen algunas de las mejores piezas de arte del mundo de la Baja Edad Media, y exhiben una valiosa selección de obras de prestigiosos artistas como Jan van Eyck (c. 1390-1441). El Groeningemuseum ha sido objeto de importantes ampliaciones, incluida una nueva sala de exposiciones. El Sint-Janshospitaalmuseum, parte del hospital medieval, contiene pinturas de Hans Memling, que fueron encargadas para su capilla.

① La leyenda de santa Úrsula

Esta serie de paneles del maestro anónimo de la historia de santa Úrsula narra la leyenda medieval de esta santa y las 11.000 vírgenes, cruelmente martirizadas en la Alemania pagana (izquierda).

④ El Juicio Final

El Bosco (c. 1450-1516) es célebre por sus escenas de angustia espiritual, tortura y condena. Esta pieza del Groeningemuseum es una incursión en la conciencia religiosa de los tiempos.

② Caja de santa Úrsula

Este relicario de un metro de largo (abajo) lo completó Hans Memling en 1489 y reproduce la leyenda de santa Úrsula en seis exquisitos paneles.

INFORMACIÓN ÚTIL

Groeningemuseum:
PLANO L4 ▪ Dijver 12
▪ 050 44 87 11

Horario: 9.30-17.00 ju-ma; entrada: 15 € (gratis menores 12 años)

Sint-Janshospitaal:
PLANO K5
▪ Mariastraat 38

Horario: 9.30-17.00 ma-do, entrada: 15 € (gratis menores 12 años), incluye la entrada a la Arentshuis (ver p. 92)

▪ El Groeningemuseum se encuentra cerca del centro de la ciudad, donde se sitúa una amplia variedad de cafés y restaurantes (ver p. 97).

▪ La tarjeta Musea Brugge es válida durante tres días y permite acceder a los 13 mejores museos de Brujas (incluidos los dos aquí descritos).

La adoración de los magos ③

Esta obra, expuesta en la capilla del Sint-Janshospitaal, es de Memling y data de 1479. Se la conoce como el tríptico Jan Floreins por quien la costeó, que aparece detrás de un muro bajo a la izquierda del panel central (derecha).

5 Tríptico de Moreel

Willem Moreel, burgomaestre de Brujas, encargó esta obra a Memling en 1484. Moreel aparece en el panel de la izquierda; su esposa en el de la derecha, con varios santos en el medio.

8 Secret-Reflet

Esta pieza simbolista de 1902, obra del pintor belga Fernand Khnopff (1858-1921), incluye una imagen del Sint-Janshospitaal. El título se refiere al juego que se establece con la palabra reflejo en las dos imágenes.

EL AUGE DE BRUJAS

Brujas prosperó bajo el gobierno de los duques de Borgoña, y en 1419 se convirtió en la capital del imperio borgoñón (ver p. 40), cuya corte destacó por sus ricos e ilustrados mecenas de las artes. Los duques de Borgoña se emparentaron con la realeza europea: Felipe el Bueno se casó con Isabel de Portugal; Carlos el Temerario con Margarita de York. Ambas esponsales se celebraron con lujosas fiestas. Todo ello es el ambiente que representan los maestros flamencos.

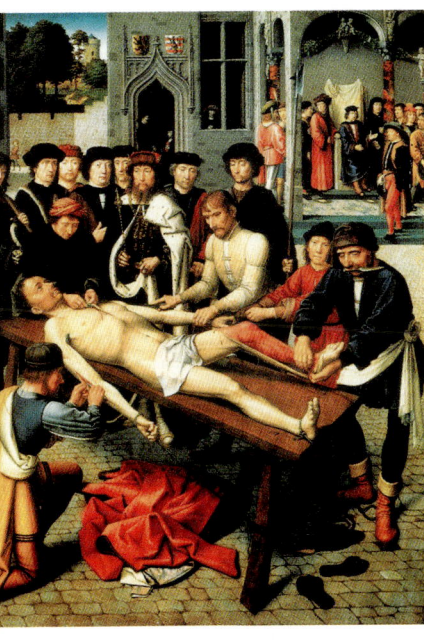

9 Martirio de San Hipólito

En una escena de este tríptico del siglo XV de Dirk Bouts y Hugo van de Goes se representa al santo siendo destrozado por cuatro caballos: una escena que es tan cruenta como tranquila y detallada.

6 La justicia de Cambises

En 1488, Brujas encarceló a su gobernante, Maximiliano emperador del Sacro Imperio Romano. Este díptico (arriba) de Gerard David con el desuello de un juez corrupto (arriba) fue encargado para el ayuntamiento a modo de disculpa pública.

10 Virgen del canónigo Joris van der Paele

Esta excepcional obra maestra (abajo) del Groeningemuseum la pintó Jan van Eyck en 1436. La riqueza de los detalles es excepcional.

7 Tríptico con san Juan Bautista y san Juan Evangelista

Esta pintura de Memling (1479) celebra a los dos santos, patronos y protectores del Sint-Janshospitaal.

Catedral de Amberes

La catedral de Amberes (Onze-Lieve-Vrouwekathedraal) es la iglesia gótica más grande del Benelux. La elegante aguja se cierne sobre la plaza del mercado medieval y es todavía uno de los edificios más emblemáticos de la ciudad. Se necesitaron 170 años para construirla, y aun así quedó incompleta. Era la iglesia de los gremios adinerados, que la ornamentaron con altares, relicarios y retablos. Destruida por el fuego y los saqueadores en los siglos XVI y XVIII, la catedral conserva valiosas piezas, entre ellas dos trípticos de Rubens.

1 *Levantamiento de la Cruz*

Este tríptico y *El Descendimiento* que hay al otro lado de la nave afianzaron la reputación de Rubens en Amberes. Los paneles central e izquierdo son un despliegue de energía dinámica característico de Rubens *(abajo)*.

2 Murales originales

El interior estuvo revestido de coloridos murales que se perdieron o fueron tapados con nuevas pinturas. La restauración ha recuperado algunos de estos originales.

3 Púlpito

Muchas iglesias belgas lucen púlpitos de roble cuidadosamente tallados. El tema de este, la propagación de la fe en los cuatro continentes, se trata de forma detallada en un conjunto compuesto por multitud de aves, árboles, tejidos, ángeles, santos y figuras simbólicas.

4 Nave

El interior *(arriba)* es luminoso y amplio, en parte debido al tamaño, las superficies de cristal y al inmenso espacio que separa el suelo de las bóvedas de crucería. Los pilares de la nave carecen de capitel y hallan continuidad en los arcos góticos, creando un efecto de serenidad.

5 Vidriera borgoñona

La catedral conserva parte importante de las vidrieras originales. La borgoñona es la más antigua y data de 1503 *(izquierda)*. En ella aparecen Felipe el Hermoso, duque de Borgoña, y Juana de Castilla, con sus santos patronos detrás.

Aguja ⑥

La elegante y singular aguja *(derecha)* de la catedral tardó en erigirse más de 100 años desde mediados del siglo XV. En su ascenso hasta el remate final a 123 m de altura la ornamentación gótica gana en opulencia. Solo hay otra aguja comparable a esta, y es la del Hôtel de Ville de Bruselas.

Cúpula ⑨

Desde el exterior, la cúpula negra aparece escalonada; en el interior las líneas están más claras: las hileras de cristal permiten que la luz ilumine *La Asunción de la Virgen* (1647), la pintura de Cornelis Schut que decora el techo. Su serenidad conduce al reino de los cielos.

Exaltación artística de la Virgen ⑩

La catedral fue restaurada a finales del siglo XIX. El esfuerzo de los responsables por recrear un efecto medieval en algunas de las capillas de detrás del coro es admirable. El bello tríptico de Albert de Vriendt es un ejemplo de la recuperación del estilo de Van Eyck.

Virgen de Amberes ⑦

Esta excepcional imagen de madera *(arriba)* es objeto de devoción desde el siglo XVI y posee una gran variedad de túnicas y coronas.

Órgano de Schyven ⑧

El impresionante instrumento ocupa una fabulosa caja del siglo XVII, obra de tres importantes escultores de la época.

Planta de la catedral

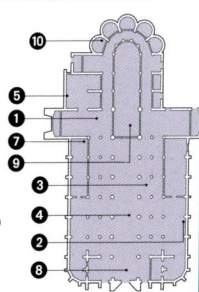

LOS ICONOCLASTAS Y LOS REVOLUCIONARIOS FRANCESES

El interior de la catedral poseyó una opulenta decoración, de la que hoy carece debido a dos episodios. El primero, acaecido en la década de 1560, fue el saqueo de los protestantes extremistas e iconoclastas, que vaciaron las iglesias de imágenes, pinturas y reliquias. La segunda oleada llegó en la década de 1790, cuando los ejércitos revolucionarios franceses demolieron las iglesias y las utilizaron como establos, almacenes, tribunales y fábricas.

INFORMACIÓN ÚTIL

PLANO T2

- Groenplaats
- 03 213 99 51
- www. dekathedraal.be

Horario: 10.00-17.00 lu-vi, 10.00-15.00 sá, 13.00-17.00 do y festivos

Entrada: 12 €; estudiantes y mayores 60 años, 10 €; menores de 18 años, gratis

■ Cerca de la catedral hay muchos cafés, bares y restaurantes. La bien llamada Het Elfde Gebod (El Undécimo Mandamiento) *(ver p. 107)*, en Torfbrug, cuenta con una terraza y un interior con estatuas de santos y otros objetos religiosos. Sirve buena comida local y una amplia selección de cervezas.

■ Conviene escuchar el carillón de 49 campanas que suena cada hora. En verano se ofrecen conciertos de carillón, en los que las campanas se tocan desde un teclado.

TOP 10 ★ Koninklijk Museum voor Schone Kunsten (KMSKA)

Instalado en un grandioso edificio histórico, el Museo Real de Bellas Artes de Amberes cuenta con 8.400 obras maestras de artistas del sur de los Países Bajos. La colección permanente, que abarca del siglo XIV al XX, expone obras que van desde los flamencos primitivos hasta los maestros actuales. El museo estuvo cerrado durante una década y reabrió en 2022, tras unos trabajos de cien millones de euros en rehabilitación y construcción, con cincuenta modernísimas salas para exposiciones, una combinación homogénea de lo tradicional y lo actual, reflejo de las obras de su interior.

4 Jardín del museo

Trazado al estilo tradicional para reflejar la larga historia y los orígenes del KMSKA, el jardín del museo es un verde oasis de bienvenida en la ciudad (solo se puede acceder mientras el museo está abierto). También sirve de galería al aire libre.

1 Esculturas de la fachada

La fachada *(arriba)* está decorada con los bustos de famosos artistas, entre ellos Rubens, Miguel Ángel y Rembrandt, junto a cuatro estatuas femeninas que representan la arquitectura, la pintura, el dibujo y la escultura. *El Triunfo de las Bellas Artes* (1905), de Thomas Vinçotte, corona el conjunto.

2 La Colección Rik Wouters

Recoge pinturas llenas de colorido, complicados dibujos y expresivas esculturas de Rick Wouters (1882-1916). El KMSKA alberga la mayor colección del mundo de obras de este autor, entre las que se pueden destacar las pinturas de escenas cotidianas.

5 Sala Rubens

Los numerosos lienzos del museo pintados por Peter Paul Rubens (1577-1640), el maestro del barroco flamenco, demuestran su dominio en diferentes disciplinas, desde las obras religiosas y mitológicas hasta el retrato. No se puede dejar de ver *La Adoración de los Magos*.

3 La Virgen con el Niño, 1450

Esta pintura de aspecto moderno *(izquierda)* es uno de los elementos destacados de la colección del museo. Realizada por el pintor de la corte francesa Jean Fouquet a mediados del siglo XV, representa a la Virgen María como Reina del Cielo.

6 El último día, 1964

El expresionista belga, que fue miembro del grupo CoBra, Pierre Alechinsky (n. 1927) afirmó en una ocasión: "Cuando pinto, libero monstruos". Su pintura *El último día* es una de las obras más icónicas expuestas en el KMSKA.

(7) Mosaico *Bienvenidos*

El mosaico de 76 m² *(abajo)* de la entrada al museo, obra de la artista belga Marie Zolamian (n. 1975) es la pieza artística de estas características de mayor tamaño del país. Consta de 60 tipos diferentes de mármol y un total de 480.000 teselas.

(8) Sala Van Dyck

En esta majestuosa galería (una de las salas originales del museo) con adornos dorados en las molduras, estucado perfectamente restaurado y cálido suelo de parqué, se exponen obras maestras de Van Dyck (1599-1641).

ENTRE BASTIDORES

El KMSKA es una institución investigadora reconocida internacionalmente que cuenta con un taller propio de conservación. Además, es el único museo flamenco con especialización científica para analizar obras de arte y estudiar sobre técnicas, colores y materiales. El programa "Artistas Residentes" del museo acoge a músicos, bailarines, poetas, actores y escritores, así como a pintores y escultores, y proporciona un buen ambiente para cultivar nuevos talentos.

(9) *El mercado de verduras*, 1567

El artista amberino Joachim Beuckelaer –muy conocido por pintar ambientes de mercado– influyó en el desarrollo de la de naturaleza muerta durante el Renacimiento europeo.

(10) La Colección Ensor

La mayor colección del mundo de obras del modernista belga James Ensor (1860-1949) se expone en el ala moderna del museo. Destacan las máscaras *(abajo)*, al igual que las naturalezas muertas, los esqueletos y las marinas.

INFORMACIÓN ÚTIL

PLANO S3 ◾ Leopold de Waelplaats
◾ 03 224 73 00 ◾ www.kmska.be

Horario: variable, consultar página web; entrada: 20 €

◾ Se puede tomar un bocado en el café o el bar del museo o en Murni Zuid *(Leopold de Waelplaats 10)*, enfrente del museo. Wijnbistro Patine *(Leopold de Waelstraat 1)* está cerca y también es un buen sitio.

TOP 10 ⭐ *La adoración del cordero místico*

La catedral de San Bavón en Gante posee uno de los más importantes tesoros culturales del norte de Europa. Este políptico, pintado alrededor de 1432, es la obra maestra de los hermanos Hubert y Jan van Eyck. Fue rescatado de manos de un grupo de protestantes en 1566 y de las llamas en 1822. Algunas secciones fueron requisadas por soldados franceses en 1794, vendidas en 1816 y luego robadas en 1934. Después de su restauración, el políptico se muestra en un extremo de la iglesia, al que se accede a través del crucero.

1 Políptico

La pintura consta de 12 paneles *(arriba),* cuatro en el centro y cuatro en cada uno de los laterales abatibles. La fila inferior retrata la espiritualidad del mundo y al pueblo elegido de Dios; la hilera superior muestra el Cielo con Adán y Eva a cada extremo.

Plano del políptico

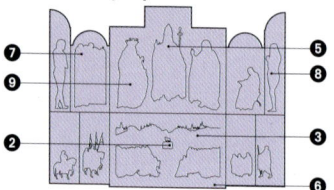

INFORMACIÓN ÚTIL

PLANO Q2 ■ Sint-Baafskathedraal, Sint-Baafsplein ■ www.sintbaafskathedraal.be

Horario: 8.30-17.30 lu-sá (desde 13.00 do); retablo: 10.00-17.00 lu-sá (desde 13.00 do); entrada retablo y visita con RA: 16 € (8 € menores de 12 años); retablo: 12,50 €; se requiere reserva previa *online*

■ Hay muchos cafés muy acogedores. Se recomienda el café restaurante De Foyer, en el Schouwburg (teatro), con una terraza abierta a la plaza *(ver p. 113).*

■ El retablo se encuentra expuesto en el suelo sobre la cripta, detrás del coro.

■ En todas las visitas se ofrece la oportunidad de ver el políptico en realidad aumentada con unas gafas especiales para RA.

⑤ Dios Todopoderoso

La figura central de la hilera superior es Dios, con un llamativo manto rojo y una mitra enjoyada *(izquierda)*, el cetro y una corona a los pies. La serenidad y elegancia del rostro contagian a todo el políptico.

② El cordero místico de Dios

El elemento central del panel *(abajo)* es el cordero de Dios, que derrama sangre sobre un altar. Se aproximan a él: las vírgenes mártires, personajes del Nuevo Testamento y de la Iglesia, patriarcas y profetas del Antiguo Testamento y confesores de la fe.

③ Jerusalén idealizada

Al fondo del panel central se elevan las torres de la ciudad santa de Jerusalén.

④ Inscripción

En el siglo XIX se descubrió en el marco una inscripción en verso de los dos artistas que se cree que es original.

INFLUENCIA EN EL ARTE EUROPEO

A los pintores flamencos se les atribuye la invención de la pintura al óleo. No se sabe si esto es cierto, pero no hay duda de que perfeccionaron la técnica. Antonello da Messina, el primer italiano que empleó el óleo en Italia, se cree que aprendió la técnica de los artistas flamencos. Se evidenciaron las ventajas del óleo sobre la témpera o la pintura al fresco. Los artistas italianos comenzaron a utilizar el óleo, y con ello la pintura evolucionó hacia el Quattrocento.

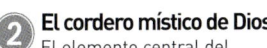

⑧ Eva

El realismo de las figuras de Adán y Eva asombraron a los contemporáneos de Jan van Eyck. Sorprende su desnudez entre el resto de figuras ricamente ataviadas *(izquierda)*. Reflejan el profundo conocimiento que tenía el pintor de la figura humana.

⑥ Flores

Las numerosas flores simbolizan que todo en la naturaleza es expresión de la obra de Dios. El deseo del pintor era que quedara clara constancia de ello.

⑨ María

La figura de la Virgen evidencia la concepción de la belleza femenina en el medievo. De facciones delicadas y absorta en la lectura, luce multitud de joyas.

⑦ Los ángeles músicos

Un coro celestial canta a un lado de la hilera superior *(izquierda)*, mientras que en el otro toca una orquesta de ángeles. Las figuras aparecen amontonadas, pero hay perspectiva.

⑩ Paneles externos

Las alas del políptico pueden cerrarse. Los paneles externos son de colores casi planos, que ganan intensidad en el momento en que se abren para revelar el suntuoso interior.

Lo mejor de Bruselas, Brujas, Amberes y Gante

Cerveza expuesta en Huisbrouwerij
De Halve Maan, Brujas

TOP 10 Hitos históricos

1 50 a.C.: Julio César

Tras repetidas derrotas en la lucha contra los díscolos belgae (belgas, en latín), Roma instauró la provincia de Bélgica, que floreció bajo la pax romana durante 400 años.

2 843 d.C.: Tratado de Verdún

A los romanos les siguieron los francos, cuyo imperio alcanzó su apogeo bajo Carlomagno. A su muerte, un tratado dividió el imperio a lo largo del río Escalda. De esta división surgieron más tarde Flandes y Valonia.

3 1302: Batalla de las Espuelas Doradas

El dominio francés sobre Flandes durante buena parte del medievo desencadenó una rebelión popular. En la batalla de las Espuelas Doradas, un grupo rebelde flamenco humilló a las élites del ejército francés.

Batalla de las Espuelas Doradas

4 1384: La casa de Borgoña

Cuando Louis de Male, conde de Flandes, murió en 1384, heredó el título su yerno Felipe II el Atrevido (1342-1404), duque de Borgoña. Los duques de Borgoña extendieron su control sobre los Países Bajos y su dominio alcanzó su apogeo bajo Felipe el Bueno (reinó de 1419 a 1467). Brujas, su capital, era el centro de un próspero imperio mercantil.

5 1568: Conflicto religioso

Carlos V, sacro emperador romano y rey de España, heredó los territorios borgoñones, pero hubo de enfrentarse a una violenta oposición debido al protestantismo. El conflicto alcanzó su cúspide en 1568, durante el reinado de Felipe II, cuando los condes Egmont y Hoorn fueron decapitados en la Grand Place por desaprobar la persecución de los protestantes. Finalmente, el territorio quedó dividido en el norte protestante (Países Bajos) y el sur católico (hoy Bélgica).

6 1815: Batalla de Waterloo

Cuando los Países Bajos españoles pasaron a Austria en 1713, las facciones conservadoras comenzaron a luchar a favor de la independencia belga. La revuelta fue sofocada en 1794 cuando los ejércitos franceses republicanos ocuparon el territorio. El dominio napoleónico dividió a los belgas, que lucharon a ambos lados cuando Napoleón fue finalmente derrotado por los aliados en Waterloo (ver p. 69).

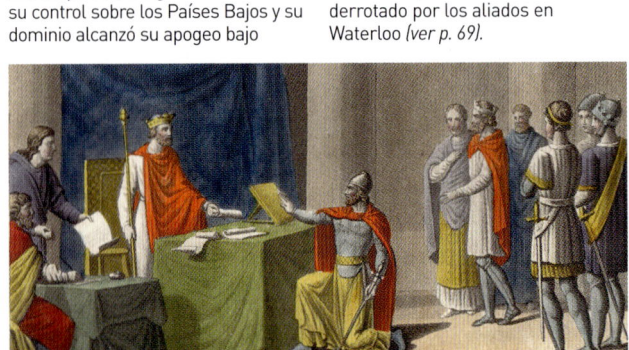

El Tratado de Verdun tuvo un papel significativo en la historia de Bélgica

7 ## 1830: La revolución belga

Después de Waterloo, el Congreso de Viena sometió Bélgica al dominio holandés, una decisión muy impopular. Las protestas arreciaron en 1830, año en que se declaró la independencia y el ejército holandés fue expulsado de Bruselas.

Escenas de la revolución belga

 8 ## 1914-1918: Primera Guerra Mundial

Al estallar la Primera Guerra Mundial, Alemania invadió Bélgica, país neutral. Los belgas frustraron su avance inundando las tierras junto a la costa. En 1915, una línea de trincheras se extendía por el flanco occidental belga y miles de soldados murieron durante los cuatro años siguientes.

 9 ## 1940-1944: Segunda Guerra Mundial

La historia se repetiría en mayo de 1940, cuando el ejército alemán acometió una blitzkrieg (invasión relámpago) contra la Bélgica neutral para evitar la línea Maginot que impedía su entrada en Francia. Bruselas fue liberada en septiembre de 1944.

 10 ## 1957: Tratado de Roma

Víctimas involuntarias de las dos Guerras Mundiales, los belgas apoyaron con gran entusiasmo el Tratado de Roma, que estableció los cimientos de la Unión Europea. Con el tiempo Bruselas se ha convertido en la capital de Europa.

TOP 10: PERSONAJES HISTÓRICOS

1 Balduino Brazo de Hierro
Balduino (muerto en 879) fue el primer conde de Flandes e hizo de Brujas su plaza fuerte.

2 Pieter de Coninck y Jan Breydel
De Coninck, tejedor, y Breydel, carnicero, lideraron la rebelión contra los franceses en 1302.

3 Felipe el Atrevido
Felipe el Atrevido inauguró la era borgoña en los Países Bajos después de heredar el control sobre Bruselas y Flandes.

4 Felipe el Bueno
Felipe el Bueno fundó la orden del Toisón de Oro y fue un gran mecenas de las artes.

5 Carlos V
Nacido en Gante, Carlos V (1500-1558) forjó el imperio más grande de Europa desde tiempo de los romanos.

6 Isabel y Alberto
La esplendorosa corte de la infanta Isabel (1566-1633) y el archiduque Alberto (1559-1621) marcó un periodo más tranquilo del dominio español.

7 Carlos de Lorena
Con el gobernador general de Austria (gobernó 1744-1780), Bruselas entró en la Ilustración.

8 Rey Leopoldo I
Primer rey de Bélgica (reinó 1831-1865), popular por una entrega total a su cometido.

9 Rey Leopoldo II
Segundo rey de Bélgica (reinó 1865-1909) (ver p. 84).

10 Paul-Henri Spaak
Primer ministro socialista desde 1938 a 1939 y de nuevo durante la posguerra, Spaak (1899-1972) jugó un papel central en la creación de la Comunidad Europea.

Rey Leopoldo I

TOP 10 Belgas famosos

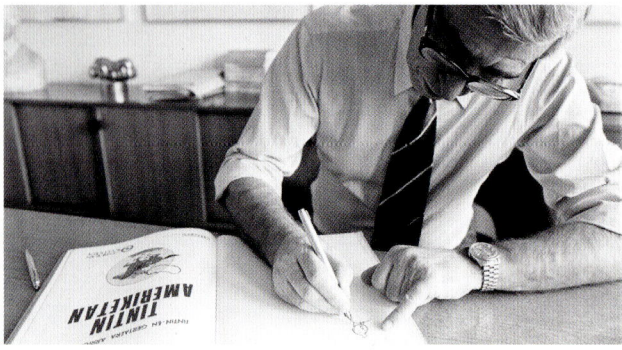

Hergé haciendo una ilustración de Tintín en un ejemplar de su famoso cómic

1 Hergé

Georges Remi (1907-1983) era un ilustrador autodidacta del barrio de Etterbeek, en Bruselas. En 1929 publicó la historia *Tintin au Pays des Soviets,* y con ella nació el personaje de cómic más famoso de Bélgica. Desde entonces se han vendido en todo el mundo 200 millones de libros de Tintín, traducidos a unos 50 idiomas. Georges Remi ideó su seudónimo, Hergé, invirtiendo sus iniciales y transcribiendo su sonido.

2 Georges Simenon

Georges Simenon (1903-1989), uno de los autores más vendidos del mundo, nació y se crió en Lieja. Su personaje más célebre, el imperturbable inspector Maigret, aparece en 75 de sus más de 400 novelas.

3 Gerard Mercator

Casi todos los mapas escolares siguen basándose en la proyección Mercator, una ingeniosa forma de representar el globo esférico en plano. A Mercator (1512-1594) también se le atribuye la creación del primer atlas, palabra introducida por él mismo.

Gerard Mercator

4 Peyo

Pierre Culliford (1928-1992), nacido en Bruselas, fue un maestro de las historietas que usó el seudónimo de Peyo. Se presentó al mundo con sus famosos dibujos animados, *Los Pitufos,* a finales de la década de 1950. Desde entonces sus extraños personajes con la piel azul han aparecido en películas, programas de televisión, parques temáticos y videojuegos.

5 Jacques Brel

Jacques Brel (1929-1978) es todavía para muchos el mayor cantautor en lengua francesa. Aunque saltó a la fama en Francia, siempre permaneció fiel a sus orígenes belgas. La Fundación Jacques Brel *(Place de la Vieille Halle aux Blés 11; www.jacquesbrel.be)* de Bruselas celebra la vida y obra del cantante.

6 Victor Horta

Al arquitecto y diseñador Victor Horta, nacido en Gante, se le atribuye la popularización del estilo *art nouveau* en Bélgica (ver pp. 22-23). El Hôtel Tassel (ver p. 48) de Bruselas, proyectado por Horta, es considerado uno de los primeros ejemplos de edificio *art nouveau* en Europa. Sus formas curvadas, el uso innovador de hierro, acero y vidrio, la decoración con temas de la naturaleza y su interior de planta abierta anunciaban el diseño de la arquitectura moderna.

⑦ Jean-Claude Van Damme

Ex campeón de kárate, van Damme (n. 1960) trabajó en diversos empleos en California, como repartidor de *pizzas,* antes de hacerse famoso en películas de acción, entre ellas *Cyborg, Kickboxer* (1989) y *Soldado Universal* (1992).

⑧ Eddie Merckx

El ciclismo es un deporte muy popular en Bélgica y nadie ha superado hasta ahora a Eddie Merckx (n. 1945), ganador en cinco ocasiones del Tour de France (1969-1972 y 1974).

Eddie Merckx en acción

⑨ Justine Henin

Una de las grandes tenistas de comienzos de los 2000 famosa por su gracia atlética y en la pista. Henin (n. 1982) ganó siete títulos de Grand Slam en su carrera. Su gran rival belga, Kim Clijsters, ganó cuatro.

⑩ Eden Hazard

Miembro de una generación de estrellas del fútbol, Hazard (n. 1991) ha jugado en el Lille, el Chelsea y el Real Madrid, además de formar parte de la selección belga junto a otros destacados jugadores como Lukaku, Kompany o Courtois.

TOP 10: OTROS BELGAS FAMOSOS

Jacky Ickx, leyenda de la Fórmula Uno

1 Andreas Vesalius
Nombrado el padre de la anatomía moderna, Vesalius (1514-1564) fue médico de Carlos V y Felipe II.

2 Adolphe Sax
Famoso por ser el inventor del saxofón, Sax (1814-1894) creó diversos instrumentos musicales muy innovadores.

3 Marie Popelin
A la primera abogada belga, Popelin (1846-1913), no se le permitió ejercer, así que se dedicó a la lucha por los derechos de la mujer.

4 Léo-Hendrik Baekeland
Químico (1863-1944) inventor de la baquelita, la primera resina totalmente sintética.

5 Henry van de Velde
Influyente diseñador de *art nouveau* (1863-1957), estableció las bases del movimiento Bauhaus.

6 Suzan Daniel
Fundadora del movimiento LGTBIQ+ del país y primera mujer belga dedicada a la crítica cinematográfica (1918-2007).

7 Jacky Ickx
Uno de los grandes pilotos de Fórmula 1 las décadas de 1960 y 1970 (n. 1945).

8 Anne Teresa De Keersmaeker
Sobresaliente coreógrafa (n. 1960) en el mundo de la danza contemporánea.

9 Dries van Noten
Célebre diseñador de moda de Amberes.

10 Matthias Schoenaerts
Actor de cine y galán (n. 1977) que ha conseguido reconocimiento internacional por películas como *Lejos del mundanal ruido* (2015).

TOP 10 Artistas belgas

Altar de los Siete Sacramentos, de Rogier van der Weyden

1 Rogier van der Weyden
Destacado representante de los flamencos primitivos, Van der Weyden (c. 1400-1464) es notable por la emotividad de obras como el *Retablo de los siete sacramentos*, en el Koninklijk Museum voor Schone Kunsten, Amberes (ver p. 101). Trabajó sobre todo en Bruselas y fue el principal maestro flamenco tras la muerte de Van Eyck.

2 Jan van Eyck
La excelencia técnica y el gran detallismo de la obra de Jan van Eyck (c. 1390-1441) son rasgos notables en pinturas como

Estatua de Van Eyck

Virgen del canónigo Joris van der Paele (ver p. 31) y *La adoración del cordero místico* (ver pp. 36-37). La obra de Van Eyck ejerció una profunda influencia en el arte italiano y fomentó el Renacimiento.

3 Hans Memling
Hans Memling (c. 1433-1494) nació en Alemania y estudió probablemente con Van der Weyden en Bruselas antes de trasladarse a Brujas. Memling se convirtió en uno de los artistas con más éxito de sus días (ver pp. 30-31).

4 Pieter Bruegel el Viejo
La inspiración que los artistas flamencos buscaron en Italia en el siglo XVI empañó la característica visión centroeuropea. Bruegel (c. 1525-1569), sin embargo, desechó esta moda y creó un estilo personal a partir de la cotidianidad. Sus pueblos rurales poseen un encanto y sencillez entrañables.

Rubens y Helene Forment en el jardín (c. 1631), Rubens

5 Pedro Pablo Rubens
Casi todos los grandes artistas flamencos se formaron en Italia en el siglo XVI, y Pedro Pablo Rubens (1577-1640) usó su experiencia para combinar la prodigiosa técnica flamenca con la ornamentación italiana y crear obras llenas de vitalidad y dinamismo.

6 Jacob Jordaens
Tras la muerte de Rubens, Jacob Jordaens (1593-1678), uno de

Cuatro doctores de la iglesia, Jordaens

sus colaboradores, se convirtió en el principal pintor de Amberes. Jordaens destaca por sus cuadros alegóricos, en los que se expresa la *joie-de-vivre* de la era barroca.

⑦ Antoon van Dyck

Colega y amigo de Rubens, Antoon van Dyck (1599-1641) alcanzó la maestría de Rubens y trató temas parecidos. Sin embargo, es más conocido por sus retratos. Van Dyck se convirtió en el pintor de la corte de Carlos I de Inglaterra, que le concedió la orden de caballero.

⑧ James Ensor

La obra de James Ensor (1860-1949) es la causa de que se considere al pintor uno de los grandes excéntricos del arte. En su pintura aparecen esqueletos, máscaras e insólitas criaturas.

⑨ Paul Delvaux

El pintor Paul Delvaux (1897-1994) es famoso por sus sensuales desnudos emplazados en marcos singulares, aunque su representación de las mujeres ha sido criticada durante las últimas décadas.

⑩ René Magritte

Las escenas casi oníricas de René Magritte (1898-1967) son, junto a Dalí, exponentes del surrealismo. El Museo Magritte *(ver p. 86)* muestra sus pinturas, fotografías, dibujos a lápiz y archivos.

TOP 10: OTROS ARTISTAS BELGAS

1 Clara Peeters
Conocida por sus obras de naturaleza muerta, Peeters (*c.* 1587-*c.* 1636) fue una de las pocas artistas del siglo XVII.

2 Constantin Meunier
Escultor y pintor (1831-1905) famoso por sus bronces de trabajadores industriales *(ver p. 85).*

3 Émile Claus
Pintor postimpresionista (1849-1924) célebre por sus radiantes escenas rurales, conseguidas mediante la técnica que denominó luminismo.

4 Jean Delville
Uno de los más originales simbolistas (1867-1953), notable por sus coloridas escenas satánicas.

5 Léon Spilliaert
Simbolista (1881-1946) muy original cuyas obras, a menudo en blanco y negro, resultan inmediatamente reconocibles.

6 Rik Wouters
Pintor y escultor (1882-1916) cuya obra destaca por estar llena de luz, vida y encanto.

7 Constant Permeke
Pintor (1886-1952) de la segunda etapa de la escuela Sint-Martens-Latem *(ver pp. 14-15),* cuyos cuadros son de temática social y de texturas oscuras y arenosas.

8 Panamarenko
Fiel a la tradición surrealista, el artista (1940-2019) fue conocido por sus esculturas mecánicas.

9 Princesa Delfina de Bélgica
Artista y escultora perteneciente a la realeza (n. 1968), está muy bien considerada por su controvertido arte visual.

10 Sergine André
Esta artista belga-haitiana (n. 1969) representa su tierra natal con pinturas expresionistas potentes y de colores vivos.

Bords de la Lys (1920), Émile Claus

🔟 Iglesias

Nave de Sint-Salvadorskathedraal, la majestuosa catedral de Brujas

1 Cathédrale des Saints Michel et Gudule, Bruselas

La catedral gótica de Bruselas es un oasis de paz detrás de la Grand Place. En ella se celebran bodas y funerales reales (*ver p. 74*).

2 Église Saint-Jacques-sur-Coudenberg, Bruselas

PLANO D4 ▪ Place Royale, 1000 BRU (Ixelles) ▪ 02 502 18 25 ▪ Horario: 13.00-17.45 mi-sá, 8.30-17.45 do (hasta 12.00 jul-ago)

La iglesia, una de las más emblemáticas de Bruselas, ocupa una posición aventajada desde la que domina la Place Royale. Aparte del campanario, recuerda más a un templo romano que a una iglesia.

3 Église Notre-Dame du Sablon, Bruselas

La iglesia del siglo XV del gremio de ballesteros es un ejemplo de estilo gótico de Brabante, iluminado por grandes vidrieras (*ver p. 73*).

4 Église Saint-Jean-Baptiste au Béguinage, Bruselas

La espléndida fachada barroca flamígera de la iglesia contrasta con su historia como centro neurálgico de una comunidad beguina de mujeres (*ver p. 75*).

5 Sint-Salvators-kathedraal, Brujas

Majestuosa y sombría, la iglesia posee un carácter muy acorde con su rango como catedral de Brujas. Aunque mayoritariamente gótica, posiblemente es de origen paleocristiano. La torre almenada se erigió en estilo neogótico a finales del siglo XIX (*ver p. 94*).

6 Onze-Lieve-Vrouwekerk, Brujas

Se trata de la iglesia más espectacular de Brujas, con una imponente aguja construida en austero estilo gótico del Escalda. El interior ha sufrido diversas reformas desde el siglo XIII. El más valioso tesoro de la iglesia es *La Virgen y Niño* de Miguel Ángel, donado por un mercader en 1514 (*ver p. 92*).

7 Sint-Jacobskerk, Amberes

El ornamentado interior de esta iglesia es indicio de que fue frecuentada por las clases más adineradas durante la época dorada de Amberes; entre

Tumba, Sint-Jacobskerk

aquellos fieles estaba el artista Rubens, enterrado en la capilla que su familia tenía en la iglesia *(ver p. 103)*.

8 Sint-Baafskathedraal, Gante

Sostenido por esbeltas columnas, el imponente interior gótico imprime a la catedral de Gante un carácter solemne *(ver p. 109)*, que, sin embargo, eclipsa su tesoro más valioso, el retablo *La adoración del cordero místico* de Jan y Hubert van Eyck *(ver pp. 36-37)*.

9 Sint-Niklaaskerk, Gante

Como resultado de la restauración de la iglesia más bella de Gante, este templo luce en la actualidad un interior alegre y luminoso que extrae lo mejor de la robusta mampostería gótica *(ver p. 109)*.

Onze-Lieve-Vrouwekathedraal

10 Onze-Lieve-Vrouwekathedraal, Amberes

Con solo una de sus dos torres completadas, la catedral de Amberes muestra las cicatrices de su construcción, pero su inmenso interior refleja la soberbia ambición de sus creadores. Brinda, además, un marco idóneo para dos sobrecogedores trípticos de Rubens *(ver pp. 32-33)*.

TOP 10: ESTILOS ARQUITECTÓNICOS

Un perfecto ejemplo del estilo gótico

1 Románico
Siglos X-XII. Arcos de medio punto, columnas robustas e interiores escasamente iluminados.

2 Gótico
Siglos XIII-XVI. Arcos apuntados y estructuras más ligeras y verticales.

3 Gótico del Escalda (o Scheldt)
Siglos XIII-XIV. Una versión temprana y austera del estilo gótico, típica del norte de Bélgica (alrededores del río Escalda).

4 Gótico de Brabante y flamígero
Siglos XIV-XV. Estilo gótico más ornamental para ayuntamientos como el Stadhuis de Brujas.

5 Renacimiento
Siglos XV-XVII. Estilo elegante que se inspira en la arquitectura griega y romana.

6 Barroco
Siglos XVII-XVIII. Reinterpretación del estilo clásico, muy recargada, exhuberante y llena de movimiento.

7 Neoclásico
Siglos XVIII-XIX. Otro estilo clásico inspirado en los templos griegos y romanos.

8 Neogótico
Siglo XIX. Otro estilo inspirado en el gótico. Empleado sobre todo por la Contrarreforma.

9 *Art nouveau*
Finales siglo XIX-comienzos siglo XX. Estilo florido y orgánico que pretende crear un género nuevo, de ahí su nombre.

10 *Art déco*
1920-1930. Estilo colorido muy sofisticado. Debe su nombre a una exposición de artes decorativas en París en 1925.

TOP10 Edificios *art nouveau* en Bruselas

Interior del Museo Horta

1 Musée Horta
La residencia del maestro de la arquitectura *art nouveau*, Victor Horta conforman un ejemplo típico de este estilo *(ver pp. 22-23)*.

2 Hôtel Tassel
Rue Paul-Émile Janson 6, 1050 BRU (Ixelles)

Diseñada por Victor Horta en 1892-1893, se trata de la primera vivienda unifamiliar de este estilo. Hasta entonces los acaudalados propietarios que encargaban la construcción de mansiones en los nuevos barrios belgas adoptaban toda clase de estilos, morisco, medieval, toscano, etc. Horta se distanció de este eclecticismo para crear otro más integrado y sensato. El Hôtel Tassel, residencia privada de un ingeniero, se proyectó conforme a sus necesidades particulares, aunque este estilo personalizado lo hacía menos adaptable a futuros dueños.

3 Hôtel Saint-Cyr
Square Ambiorix 11, 1000 BRU (Bruselas)

El *art nouveau* acusaba cierta tendencia al exceso, como se percibe en la profusión de líneas sinuosas y curvas de esta casa, con un ventanal circular en la planta superior. Se diseñó para el pintor Saint-Cyr en 1900.

4 Hôtel Hannon
PLANO G2 ■ Avenue de la Jonction 1, 1060 BRU (Saint-Gilles)

Construido entre 1903 y 1904, fue una mansión privada diseñada por Jules Brunfaut para Édouard Hannon, industrial, pintor y fotógrafo con un profundo interés por el *art nouveau*. Las vidrieras fueron diseñadas por el artesano Raphaël Évaldre, que se formó en Tiffany.

5 Museo del Cómic
Victor Horta proyectó Magasins Wauquez, un comercio de telas, en 1903. El edificio, rescatado en la década de 1970, es ahora la sede de un popular Museo del Cómic *(ver pp. 24-25)*.

6 La Maison Cauchie
Rue des Francs 5, 1040 BRU (Etterbeek) ■ Solo visitas guiadas; reservar con antelación ■ Se cobra entrada ■ www.cauchie.be

Tras una fachada con figuras geométricas y murales *art nouveau* descansa la residencia de 1905 del pintor Paul Cauchie (1875-1952).

La fachada de La Maison Cauchie

Musée des Instruments de Musique, Bruselas

El *art nouveau* también se llamó estilo *liberty*, tomado de la tienda londinense del mismo nombre. El almacén Old England de Bruselas fue bautizado así por esta razón. El edificio alberga ahora el Museo de Instrumentos de Música *(ver pp. 20-21)*.

 Le Falstaff
PLANO B3 ▪ Rue Henri Maus 19, 1000 BRU (Bruselas) ▪ 02 511 87 89

Este restaurante frente a la Bourse data de 1903 y sigue evocando la era en que se construyó. El interior es una fiesta de detalles *art nouveau*.

Le Falstaff maravillosamente decorado

 Hôtel Solvay
Avenue Louise 224, 1050 BRU (Ixelles)

Victor Horta era bastante desconocido cuando el industrial Ernest Solvay le encargó el diseño de esta casa. Su forma libre, con remolinos de hierro forjado y un uso muy fluido de la piedra, hacen a Horta un maestro del estilo *art nouveau*.

🔟 **Hôtel Ciamberlani**
Rue Defacqz 48, 1050 BRU (Ixelles)

El artista Albert Ciamberlani (1864-1956) fue uno de los autores del enorme mural que decora la columnata triunfal del edificio del Cinquantenaire *(ver p. 51)*. Ciamberlani contrató a Paul Hankar (1859-1901), destacado arquitecto del movimiento *art nouveau*, para que construyera su casa y estudio en 1897. La combinación de hierro, piedra y ladrillo otorga a la fachada un aspecto muy singular.

TOP 10: MARAVILLAS ARQUITECTÓNICAS

MAS, Amberes

1 Jeruzalemkapel, Brujas
Iglesia de influencia bizantina inspirada en una peregrinación a Tierra Santa *(ver p. 95)*.

2 Palais de Justice, Bruselas
Joseph Poelaert incorporó todos los elementos neoclásicos posibles en este monumento a sí mismo *(ver p. 76)*.

3 Pavillon Chinois, Tour Japonaise, Bruselas
PLANO G1
Dos bellos edificios de influencia asiática en el Parc de Laeken.

4 Serres Royales, Bruselas
Magníficos invernaderos reales de la década de 1870, *(ver p. 86)*.

5 Havenhuis, Amberes
El nuevo Port House (2009-2016), diseñado por el arquitecto británico-iraquí Zaha Hadid.

6 Centraal Station, Amberes
La estación de Louis Delacenserie es una amalgama de estilos neoclásicos *(ver p. 65)*.

7 El Palais Stoclet, Bruselas
PLANO H2 ▪ Avenue de Tervuren 281, 1150 BRU (Woluwe Saint-Pierre)
Diseñada por Josef Hoffmann, y con murales de Gustav Klimt, esta mansión privada fue un impacto arquitectónico.

8 MAS, Amberes
Un museo llamativo e innovador terminado en el 2011 *(ver p. 102)*.

9 The Atomium, Bruselas
Una gigantesca estructura en forma de átomo creada para la Exposición Universal de 1958 *(ver p. 83)*.

10 Basilique Nationale du Sacré-Coeur, Bruselas
Una extraña y monumental iglesia del siglo XX *(ver p. 86)*.

TOP 10 Museos

1 Musées Royaux d'Art et d'Histoire, Bruselas

La colección belga de piezas históricas nacionales e internacionales ocupa un palacio. Incluye una impresionante selección de arte religioso medieval (en la Salle aux Trésors), tapices, escultura y joyería *art nouveau*, trajes de época y piezas arqueológicas. Uno de los tres museos está en el Parc du Cinquantenaire *(ver p. 84).*

Tesoros del Musée Charlier, Bruselas

2 Musée des Instruments de Musique, Bruselas

Ubicado en unos grandes almacenes *art nouveau,* el MIM es uno de los principales lugares de interés de Bruselas. Más de 1.200 variopintos sonidos se pueden escuchar en el iPad que sirve de guía *(ver pp. 20-21).*

3 Volkskundemuseum, Brujas

Museo popular centrado en la vida de la clase media de Brujas durante el siglo XIX y comienzos del XX. Las fascinantes colecciones, de menaje del hogar o de talleres artesanos, por ejemplo, son prueba de los grandes cambios experimentados durante el último siglo y medio *(ver p. 95).*

4 Musée Charlier, Bruselas

El museo ofrece la oportunidad casi única de visitar el interior de una de *las maisons de maître* (mansiones) de Bruselas. Además de exquisitos muebles antiguos, contiene recuerdos de la época en que fue punto de reunión de las vanguardias de comienzos del siglo XX *(ver p. 74).*

5 Museum aan de Stroom (MAS), Amberes

Esta construcción de metacrilato y piedra arenisca está llena de tesoros etnográficos y folclóricos, además de que hay grandes vistas de la ciudad desde la azotea *(ver p. 102).*

Exposición en el Museo aan de Stroom, Amberes

6 Gruuthusemuseum, Brujas

Esta histórica casa guarda desde hace más de 100 años una creciente colección de piezas. De tapicerías y vidrieras góticas a objetos de porcelana y plata, esta colección abarca desde el apogeo medieval hasta el siglo XIX.

Piezas típicas en Volkskundemuseum

EL CINQUANTENAIRE

Arco del Parc du Cinquantenaire

La era de las grandes ferias internacionales arrancó con la Exposición Universal celebrada en Hyde Park, Londres, en 1851. El rey Leopoldo II decidió organizar una exposición similar para celebrar el 50 Aniversario *(cincuentenario)* de la fundación de Bélgica, en 1880. En el emplazamiento, un pantanal al este del centro histórico de Bruselas, Gédéon Bordiau erigió una pareja de recintos feriales, comunicados por una monumental columnata semicircular. El proyecto no se completó a tiempo para el jubileo de 1880, pero el complejo se utilizó para ferias posteriores. El arco triunfal central –coronado por una cuadriga similar a la de la puerta de Brandeburgo de Berlín– se completó en 1905 con ocasión del 75º Aniversario de Bélgica. La sala de exposiciones con bóveda de cañón de Bordiau alberga el Musée Royal de l'Armée et d'Histoire Militaire. La sala gemela, al sur, se incendió en 1946 y el edificio que la reemplaza forma parte de los Musées Royaux d'Art et d'Histoire. El Parc y el Palais du Cinquantenaire también albergan el Autoworld *(ver p. 84)*, el Atelier de Moulage y el Pavillon Horta-Lambeaux *(ver p. 84)*.

7 Museo Horta, Bruselas
El *art nouveau* alcanza su clímax en este museo, que antes fue la residencia y el estudio de Victor Horta, cerebro de la arquitectura *art nouveau (ver pp. 22-23)*.

8 Design Museum Gent, Gante
Este encantador museo del diseño *(ver p. 111)* recorre la evolución de los diferentes estilos, desde la elegancia doméstica del siglo XVII a la irreverencia del posmodernismo milanés. En la actualidad está cerrado por obras de rehabilitación y ampliación hasta 2025.

9 Huis van Alijn, Gante
Este museo popular ocupa uno de los pintorescos hospicios que fundara la familia Alijn en el siglo XIV y alberga una gran variedad de objetos de uso cotidiano flamencos recientes y de los últimos siglos *(ver p. 110)*.

Musée Plantin-Moretus, Amberes

10 Musée Plantin-Moretus, Amberes
Solo un siglo después de que Gutenberg revolucionara la impresión en Europa con el uso de tipos móviles, esta imprenta del siglo XVI (Patrimonio de la Humanidad por la Unesco) estaba a la cabeza de la revolución de la impresión. Los visitantes pueden ver imprentas históricas, prensas y planchas de grabado *(ver p. 102)*.

TOP 10 Colecciones de arte

El abogado del pueblo (1621) de Pieter Bruegel el Joven en el MSK, Gante

1 Museum voor Schone Kunsten (MSK), Gante

Este museo de bellas artes de Gante posee una colección ecléctica con unas cuantas obras sobresalientes; a escasa distancia del SMAK *(ver p. 111)*.

2 Musée d'Ixelles, Bruselas

Esta colección de arte cuenta con nombres como Magritte, Rembrandt, Toulouse-Lautrec y Picasso, además de artistas belgas, entre ellos Léon Spilliaert. El museo permanecerá cerrado por reforma hasta 2026.

3 Koninklijk Museum voor Schone Kunsten (KMSKA), Amberes

Una de las mejores colecciones, el Museo Real de Bellas Artes posee

obras de Viejos Maestros, entre ellos Rubens y Van Dyck, y de modernistas como James Ensor y Rik Wouters *(ver pp. 34-35)*.

4 Musées Royaux des Beaux-Arts, Bruselas

Los Reales Museos de Bellas Artes de Bruselas poseen una rica colección con artistas como Brueguel, Rubens y Jordaens. Obras excepcionales del siglo XIX y de *art nouveau* se exhiben en el Musée Fin-de-Siécle, que aunque esté separado está integrado, y en el Museo Magritte, que está contiguo, hay una amplia colección de grandes obras del surrealismo *(ver pp. 18-19)*.

5 Meunier Museum, Bruselas

La residencia suburbana del escultor de finales del siglo XIX Constantin Meunier es hoy una galería donde se expone la obra de este artista y mordaz crítico social *(ver p. 85)*.

6 Van Buuren Museum, Bruselas

La colección privada del museo se exhibe en su marco original, una encantadora casa *art déco* con un bonito jardín *(ver p. 83)*.

Museo Koninklijk, Amberes

7 Groeningemuseum, Brujas

La pinacoteca más importante de Brujas destaca principalmente por su excepcional colección de pintura de los maestros flamencos representativos de la época bajomedieval *(ver pp. 30-31)*.

8 Sint-Janshospitaal-museum, Brujas

Esta fabulosa colección de pintura de Hans Memling le fue encargada al artista para la capilla del hospital medieval, con el fin de aliviar a los enfermos. La capilla y los pabellones colindantes se han restaurado y ofrecen a las obras un marco perfecto *(ver pp. 30-31)*.

9 Stedelijk Museum voor Actuele Kunst (SMAK), Gante

Este célebre museo de arte contemporáneo no solo ofrece exposiciones temporales de corrientes vanguardistas, también cuenta con una colección permanente digna de visitar. Las obras expuestas provocan una reacción tanto a los aficionados como a los que no lo son *(ver p. 111)*.

MUHKA, Amberes

10 Museum van Hedendaagse Kunst (MUHKA), Amberes

La ubicación de este museo de arte contemporáneo en el floreciente barrio portuario del sur de la ciudad evidencia lo que ofrece su interior. Una colección singular cuya reputación va en aumento *(ver p. 104)*.

TOP 10: MEJORES OBRAS FUERA DE LOS MUSEOS

Una réplica de El pensador *de Rodin*

1 *La adoración del cordero místico* **(1432), Gante**
La obra maestra de Jan y Hubert van Eyck *(ver pp. 36-37)*.

2 *Virgen y Niño* **(1504-1505)**
Escultura de Miguel Ángel de fascinante sobriedad *(ver p. 92)*, en Brujas.

3 *Levantamiento de la Cruz* **(1609-1610)**
Magnífico tríptico de Pedro Pablo Rubens *(ver p. 34)*, en Amberes.

4 *El Descendimiento* **(1611-1614), Amberes**
El tríptico de Rubens enfrenta la muerte de Cristo con la Natividad *(ver p. 34)*.

5 *Púlpito barroco* **(1699)**
Púlpito magníficamente tallado por Hendrik Verbruggen en la catedral de Bruselas *(ver pp. 74-75)*.

6 *Historia de Brujas* **(1895)**
En el Stadhuis de Brujas *(ver pp. 26-27)*. Se compone de 12 murales de Albert y Julien de Vriendt.

7 *Fuente de jóvenes arrodillados* **(1898)**
Emile Braunplein (frente al Belfort, Gante). La obra más conocida de George Minne.

8 *El Pensador* **(c. 1905)**
PLANO F1 ▪ Parvis Notre-Dame, 1020 BRU (Laeken) ▪ 8.30-16.30 todos los días
Copia de la estatua de Rodin en una tumba del cementerio de Laeken, en Bruselas.

9 *Nos Vieux Trams Bruxellois* **(1978)**
Estación Bourse, Bruselas La contribución de Paul Delvaux al arte dentro del metro.

10 *Hergé Mural* **(1983)**
PLANO H2 ▪ Stockel Metro, Bruselas
El mural que decora la estación de metro Stockel es una de las últimas obras de Hergé.

Rutas menos frecuentadas

Église St-Jean-Baptiste au Béguinage, Bruselas

① Église St-Jean-Baptiste au Béguinage, Bruselas

Esta cuasiolvidada iglesia barroca fue una vez el corazón de un amplio *béguinage (ver recuadro p. 92)*, y todavía proporciona tranquilidad a los visitantes del centro de la ciudad *(ver p. 75)*.

② Ruta del Cómic de Bruselas

■ www.brussels.be

La autoproclamada capital del cómic tiene unos 50 murales de personajes populares por toda la ciudad. Los murales rinden homenaje a los preferidos, como Tintín, Milú y el capitán Haddock *(Rue de la'Etuve 37)*, el vaquero Lucky Luke *(Rue de la Buanderie 40)* y el bromista Tomás el Gafe *(Rue de l'Ecuyer 11)*. También hay un enorme mural de Astérix y Obélix *(Rue de la Buanderie 33)*.

③ Maison Autrique, Bruselas

Esta gran e imponente masión privada, en el barrio de Schaerbeek, fue diseñada por Victor Horta en 1893. Fue su primer proyecto, justo antes de que abrazase el estilo *art nouveau*. La mansión, desde la bodega de la cocina hasta el ático, ha sido restaurada y amueblada al estilo original para que los visitantes puedan observar el mobiliario y la decoración propios de la vida de finales del XIX *(ver p. 86)*.

④ Van Buuren Museum, Bruselas

Diríjase hacia el suburbio sur de Uccle para encontrar las cómodas casas y jardines *art déco* de los años 20 de David y Alice van Buuren. Se rodearon de una soberbia colección de arte, histórica y contemporánea, con obras de los principales artistas belgas y europeos *(ver p. 83)*.

⑤ Patershol, Gante
PLANO Q1

Detrás del museo de folclore Huis van Alijn *(ver p. 110)* se encuentra un laberinto de calles empedradas, que una vez fue el corazón del Gante medieval y hogar de los marroquineros y los frailes carmelitas *(Paters)*. En los siglos XVII y XVIII, vivían allí los jueces que trabajaban en los alrededores de la fortaleza, la Gravensteen, lo cual explica algunas de sus casas más imponentes, pero durante la industrializacion de Gante en el XIX la zona llegó a convertirse en un barrio pobre. La restauración comenzó en los años 80 y el Patershol se ha peatonalizado y revalorizado, pero todavía conserva su histórico encanto.

El encantador barrio de Patershol, Gante

⑥ Al este de Brujas
La mayoría de los visitantes de Brujas van al centro y el suroeste, pero pueden encontrar paz y tranquilidad, y una interesante colección de iglesias y museos, en el este *(ver p. 95)*.

Galerie Bortier, Bruselas

⑦ Galerie Bortier, Bruselas

En este centro comercial de 1847 el tiempo se detiene entre libros usados y grabados bajo doseles de cristal (ver p. 77).

⑧ Maison d'Érasme y Béguinage d'Anderlecht, Bruselas

Estos dos encantadores museos, al oeste de Anderlecht, están lo bastante cerca como para verlos a la vez (ver p. 86).

⑨ Muur der Dood-geschotenen, Brujas

PLANO M3

En un antiguo cuartel del Kazernevest, oeste de Brujas, hay un muro de ladrillo con restos de balas y varios monumentos en el lugar donde fueron ejecutados una docena de hombres por el ejército alemán en la Primera Guerra Mundial. La única víctima británica fue el capitan Fryatt, oficial de la marina, que se convirtió en una cause célèbre en la época.

⑩ Begijnhof, Amberes

PLANO U1 ▪ Rodestraat 39 ▪ 03 232 01 03 ▪ Horario: 8.00-18.00 todos los días

El béguinage de Amberes (begijnhof en neerlandés), que fue construido originalmente en 1545, es un lugar de calma reparadora que todavía se usa como vivienda.

TOP 10: MEJORES PARQUES Y ESPACIOS ABIERTOS

1 Parc de Bruxelles (Warande)
PLANO D3
Encantador y elegante parque del siglo XVIII frente al Palacio Real.

2 Place du Petit Sablon, Bruselas
Un pequeño parque famoso por sus estatuas de trabajadores de los gremios medievales (ver p. 73).

3 Parc d'Egmont, Bruselas
PLANO C5
Un oasis verde cerca del centro comercial de la Avenue Louise.

4 Étangs d'Ixelles, Bruselas
PLANO G2
Dos grandes estanques ideales para un paseo o un picnic tras visitar el museo Horta y el barrio art nouveau.

5 Forêt de Soignes, Bruselas
El gran bosque de hayas al sur de la ciudad (ver p. 68).

6 Minnewater, Brujas
El llamado "Lago del amor", rodeado por un parque, en el sur de Brujas (ver p. 94).

7 Koningin Astridpark, Brujas
PLANO L4
Fue el jardín de un monasterio y actualmente es un parque con zona de juegos para niños, presentado en la película de 2008 Escondidos en Brujas.

8 Citadelpark, Gante
PLANO P6
Parque al sur de la ciudad con importantes museos.

9 Stadspark, Amberes
PLANO U3
Un pulmón verde triangular al sureste del centro de Amberes.

10 Middelheim Museum, Amberes
Un gratificante parque de esculturas al aire libre (ver p. 104).

Minnewater en otoño, Brujas

ᴛᴏᴘ❿ Bélgica para niños

La "Mini-Europa" en Bruparck, cerca del Atomium

① Bruparck, Bruselas
PLANO F1 ▪ Bvd du Centenaire 20, 1020 BRU ▪ 02 474 83 83 ▪ Los horarios pueden cambiar, es recomendable consultar la web ▪ Se cobra entrada ▪ www.bruparck.com

Esta enorme zona recreativa próxima al Atomium *(ver p. 82)* cuenta con diversas atracciones para familias, entre ellas un cine y una "Mini-Europa".

② Zoo de Amberes
PLANO V2 ▪ Koningin Astridplein 26 ▪ Horario: 10.00-17.30 todos los días (el cierre varía entre 16.45 y 19.00) ▪ Se cobra entrada ▪ www.zooantwerpen.be

Se trata de uno de los zoos más antiguos del mundo (1843), que también es un centro de investigación y preservación. Ofrece atracciones especiales como un espectáculo de leones marinos, el baño de los elefantes, un nuevo estanque de hipopótamos y una exhibición de reptiles.

③ Museo del Cómic, Bruselas
A los más jóvenes les fascina este original museo; los pequeños no pueden entretenerse si no hablan francés ni flamenco *(ver pp. 26-27)*.

④ Tranvía histórico, Bruselas
Esta atracción divierte a niños de todas las edades. Un tranvía antiguo recorre el arbolado sendero desde el Musée du Tram Bruxellois *(ver p. 86)*. Ópera los domingos por la mañana de abril a septiembre.

⑤ Illusion Brussels
En este pequeño pero muy entretenido museo interactivo se puede disfrutar del mundo de la ilusión y los efectos especiales en familia *(ver p. 76)*.

⑥ Colección de trajes del Manneken Pis, Bruselas
Con suerte se puede ver al Manneken Pis *(ver p. 16)* uno de los días que lleva traje. En cualquier caso, siempre es divertido visitar su extraordinario vestidor en la Maison du Roi *(ver p. 15)*, donde se exhiben cerca de 100 de sus 815 trajes.

⑦ Belfort, Brujas
El campanario ofrece una experiencia única: el reto físico de subir una escalera de caracol imponente, las majestuosas vistas desde lo

Milú, Museo del Cómic

alto y el estruendo de las campanas si suenan mientras se está arriba. En ocasiones hay cola para entrar *(ver p. 91)*.

⑧ Walibi Belgium

Wavre ▪ Walibi Belgium: 010 42 15 00. Aqualibi: 010 42 16 03 ▪ **Horario: el horario varía; consular la página web** ▪ **Se cobra entrada** ▪ **www.walibi.be**

El mejor parque de atracciones de Bélgica ofrece desde terroríficas montañas rusas y caídas verticales a atracciones acuáticas y tranquilos carruseles para los pequeños. También hay un complejo de piscinas, el Aqualibi, con diferentes entretenimientos.

Viaje en barco por un canal de Brujas

⑨ Paseos por el canal, Brujas y Gante

Desde los barcos turísticos de los canales, los lugares de interés de Brujas y Gante se presentan bajo una luz diferente. Las embarcaciones parten de varios puntos del centro de Brujas y desde Graslei y Korenlei en Gante *(ver p. 109)*.

⑩ Parque acuático Boudewijn, Brujas

Alfons De Baeckestraat 12, 8200 Sint-Michiels ▪ **050 38 38 38** ▪ **Los horarios varían; consultar la web** ▪ **Se cobra entrada** ▪ **www.boudewijnseapark.be**

Parque de atracciones de Brujas situado en un suburbio al sur de la ciudad que tiene atracciones de inspiración marina, como la montaña rusa de la orca, y un parque acuático con toboganes y fuentes.

TOP 10: ATRACCIONES PARA NIÑOS

1 Pixel Museum, Bruselas
Aquí se puede jugar tanto con videojuegos antiguos como con los más recientes *(ver p. 84)*.

2 MIM, Bruselas
La música de los cascos cambia según se recorre el museo *(ver pp. 20-21)*.

3 Musée des Sciences Naturelles, Bruselas
Ideal para el amante de la ciencia, el ecologista y el aficionado a los dinosaurios *(ver p. 86)*.

4 Musée des Enfants, Bruselas
Rue du Bourgmestre 15, 1050 BRU (Ixelles) ▪ 02 640 01 07 ▪ www.museedesenfants.be
Museo para niños de 4 a 12 años.

5 Choco-Story, Bruselas
PLANO B3 ▪ Rue de l'Etuve 41, 1000 BRU ▪ 02 514 20 48 ▪ Horario: 10.00-18.00 todos los días (última entrada 17.00) ▪ Se cobra entrada ▪ www.choco-story-brussels.be
Vea y saboree el chocolate mientras lo hacen.

6 Théâtre Royale du Péruchet, Bruselas
PLANO G2 ▪ 50 Avenue de la Fôret, 1050 BRU (Ixelles) ▪ Pases: 15.00 mi, sá y do ▪ www.theatre peruchet.be
Teatro de marionetas y museo con espectáculos infantiles a partir de 3 años de edad.

7 Waterloo, Bruselas
El campo de batalla tiene un centro de visitantes y varios museos circundantes *(ver p. 69)*.

8 Historium, Brujas
Visita multimedia de la historia medieval de Brujas *(ver p. 94)*.

9 Huis van Alijn, Gante
Fascinante museo popular *(ver p. 110)*.

10 Het Gravensteen, Gante
Castillo medieval con mazmorras incluidas *(ver p. 111)*.

Het Gravensten, Gante

TOP 10 Espectáculos

Théâtre Royal de la Monnaie, Bruselas

interesantes y de alto nivel. La mayor de las tres salas de conciertos tiene una impresionante capacidad para 2.000 personas.

1 Théâtre Royal de la Monnaie, Bruselas

PLANO C2 ■ Place de la Monnaie, 1000 BRU ■ 02 229 12 11 (entradas) ■ www.lamonnaie.be

El auditorio más respetado del país, La Monnaie (en flamenco De Munt) es famoso por ser el lugar donde comenzó la Revolución de 1830 *(ver p. 41)*, cuando una multitud tomó las calles incitada por la ópera *La Muette de Portici* de Auber. El teatro se reconstruyó en estilo neoclásico en 1819; el interior se reformó después de un incendio en 1855.

2 Palais des Beaux-Arts, Bruselas (BOZAR)

PLANO D4 ■ Rue Ravenstein 23, 1000 BRU ■ 02 507 82 00 ■ www.bozar.be

El Palais des Beaux-Arts de Victor Horta se completó en 1928. Conocido como BOZAR, es un centro artístico multidisciplinar que ofrece música, teatro y mucho más.

Théâtre Royal de Toone

3 Ancienne Belgique, Bruselas

PLANO B3 ■ Boulevard Anspach 110, 1000 BRU ■ www.abconcerts.be

Este reputado auditorio de conciertos de música pop y rock en el centro de Bruselas presenta eventos

4 Les Halles de Schaerbeek, Bruselas

PLANO G2 ■ Rue Royale Sainte-Marie 22a, 1030 BRU (Schaerbeek) ■ 02 218 21 07 ■ www.halles.be

El antiguo mercado cubierto, una estructura de hierro y cristal de finales del siglo XIX, ha sido transformado en un encantador auditorio para variedad de eventos culturales, principalmente teatro, danza y música.

5 Concertgebouw, Brujas

PLANO J5 ■ 't Zand 34 ■ 070 22 12 12 ■ www.concertgebouw.be

Con motivo de la designación como Capital Cultural Europea 2002, Brujas construyó un nuevo auditorio. Se trata de un edificio moderno que se ha convertido en un importante auditorio para conciertos de música clásica, jazz y representaciones de ballet.

6 Théâtre Royal de Toone, Bruselas

PLANO C3 ■ Rue du Marché aux Herbes 66 (Impasse Sainte Pétronille), 1000 BRU ■ 02 511 71 37 ■ www.toone.be

El teatro Toone de marionetas, ubicado en un pequeño edificio al final de un callejón medieval, es toda una institución en la ciudad. Sin embargo no ofrece espectáculos infantiles: las obras, representadas por marionetas tradicionales de madera y papel maché, pueden ser clásicos muy serios, y la lengua suele ser el bruselense, el rico dialecto de Bruselas. Se puede visitar el museo de las marionetas retiradas.

De Vlaamse Opera, Gante
PLANO Q3 ■ Schouwburgstraat 3
■ 070 22 02 02 ■ www.operaballet.be

Este teatro de la ópera, sede en
Gante de la aclamada compañía
Vlaamse Opera, se considera uno
de los más espectaculares de
Europa.

**8 De Vlaamse Opera,
Amberes**
PLANO U2 ■ Frankrijklei 3 ■ 070 22
02 02 ■ www.operaballet.be

La ópera de Amberes se completó en
1907, con el interior elegantemente
revestido de mármol y dorados. La
compañía Vlaamse Opera también
ofrece representaciones aquí.

Le Botanique, Bruselas

9 Le Botanique, Bruselas
PLANO D1 ■ Rue Royale 236,
1210 BRU (Saint-Josse-ten-Noode)
■ 02 218 37 32 ■ www.botanique.be

Los bellos invernaderos del jardín
botánico de Bruselas se levantaron
entre 1826 y 1829. La reforma del
interior ha creado lo que hoy es un
importante auditorio para actividades culturales como teatro, danza
y conciertos.

10 deSingel, Amberes
Desguinlei 25 ■ 03 248 28 28
■ www.desingel.be

Este vibrante centro cultural
multifuncional ofrece un marco para
representaciones y exhibiciones de
teatro, danza, arquitectura y música.

**TOP 10: GRANDES ESCRITORES,
POETAS Y MÚSICOS BELGAS**

Django Reinhardt y su banda

1 Roland de Lassus
También conocido como Orlando di Lasso
(c. 1532-1594), fue uno de los compositores
más destacados de su tiempo.

2 César Franck
Organista y compositor (1822-1890) de la
tradición romántica.

3 Émile Verhaeren
Poeta simbolista (1855-1916) que destacó
por sus descripciones (en francés) de Flandes.

4 Maurice Maeterlinck
Poeta y dramaturgo simbolista ganador del
Premio Nobel (1862-1949).

5 Michel de Ghelderode
El dramaturgo del siglo XX más famoso de
Bélgica (1898-1962) y uno de los más
originales escritores en francés.

6 Georges Simenon
Prolífico maestro de la novela detectivesca
popular (1903-1989), creador del inspector
Maigret (ver p. 42).

7 Django Reinhardt
El más aclamado guitarrista de jazz,
Reinhardt (1910-1953), fue uno de los
miembros del quinteto del Hot Club de
Francia.

8 Arthur Grumiaux
Importante violinista en su época (1921-
1986).

9 Liliane Wouters
La poesía lírica de esta poeta y dramaturga
(1930-2016), escrita tanto en francés como
en neerlandés, representa a las dos culturas
de Bélgica.

10 Amélie Nothomb
Una de las novelistas actuales de mayor
éxito de Bélgica (n. 1966).

TOP 10 Tipos de cerveza belga

1 Witbier/Bière Blanche

La cerveza suele ser de cebada, aunque también se puede elaborar con trigo para producir una característica cerveza blanca a la que se pueden añadir condimentos como el cilantro o la piel de naranja. El resultado es una cerveza ligera, espumosa y refrescante, que a menudo se sirve turbia con posos, como la Hoegaarden.

2 Kriek

La *lambic (ver página opuesta)* puede aderezarse con cerezas (antiguamente con las cerezas de los campos de Shaerbeek, al norte de Bruselas), que se añaden durante la fermentación para crear una bebida muy singular llamada *kriek;* con frambuesas, para elaborar *framoise,* o con caramelo para crear *faro.* De las tres, los no iniciados encontrarán la faro la mejor para degustar estas cervezas aromatizadas.

3 Cervezas *ale*

Algunas cerveceras se enorgullecen de sus fuertes productos. Duvel (Demonio), 8,5 % de alcohol, es un célebre ejemplo. Varias son las que dicen producir la cerveza más fuerte de Bélgica; con 12 %, la cerveza Bush es una de ellas, y debe consumirse con precaución.

4 Cerveza trapense

En el pasado, algunas de las mejores cervezas belgas las elaboraban los trapenses, una comunidad de monjes cistercienses.

Hoy fabrican estas cervezas cinco cerveceras estrechamente ligadas a los monasterios (Chimay, Westmalle, Orval, Rochefort y Westvleteren). Durante el embotellado se añade levadura para provocar una segunda fermentación, de ahí que deba servirse con cuidado para evitar mover los posos.

Una botella de *kriek*

5 Cerveza de abadía

También había otras abadías que producían cerveza, pero a diferencia de los monasterios trapenses, han vendido la licencia a cerveceras comerciales. Leffe, por ejemplo, ahora es propiedad de AB InBev. Con todo, muchas de estas cervezas son excelentes. Además, hay buenas cervezas estilo abadía como Ename, Floreffe y St Feuillien.

6 Doble/triple

Las cerveceras han clasificado tradicionalmente sus cervezas según la graduación: la sencilla tenía 3 % de alcohol, la doble 6 % y la triple 9 %. Algunas cerveceras, sobre todo las abadías, siguen etiquetando su cerveza como doble *(dubbel)* y triple *(tripel).* La doble suele ser oscura y dulce, la triple rubia y dorada.

7 Cervezas *lager*

La cerveza *lager* o *pilsner* se elabora con levaduras que fermentan en el fondo (las más fuertes y pesadas tipo *ale* suelen

Abadía de Orval, famosa por su cerveza producida por los monjes trapenses

elaborarse con levaduras flotantes, que les dan mayor sabor). Aunque estas cervezas ligeras pueden degustarse fuera de Bélgica, las del país se fabrican con una calidad muy superior. A pesar de venderse en todas partes, la célebre Stella Artois de InBev, que se fabrica en Leuven, es una *lager* excelente.

Barriles de cerveza fermentada *lambic*

⑧ Lambic

En el valle del Senne, el río que atraviesa Bruselas, el aire contiene de forma natural un tipo de levadura llamada *brettanomyces*. Durante siglos, los cerveceros han dejado los recipientes calientes de cerveza de trigo sin fermentar al aire durante el invierno para que la levadura se deposite dentro. Una vez en fermentación se deja que madure la cerveza en barriles de madera durante un año o más. Este proceso crea una cerveza muy peculiar, con un ligero sabor a vino, llamada *lambic* (la cerveza típica de Bruselas).

⑨ Gueuze

La *lambic* de diferentes añadas se puede mezclar y fermentarse una segunda vez en la botella. Así se produce la cerveza *gueuze*, espumosa como el champán y envejecida un año o dos más para acentuar las cualidades vinícolas del producto original.

⑩ Cervezas navideñas

Muchas cerveceras producen cervezas especiales para Navidad. Éstas pueden exhibir etiquetas más bonitas que las habituales, o también contener cerveza más fuerte.

TOP 10: PLATOS BELGAS CLÁSICOS

1 *Carbonnades Flamandes/Vlaamse Stoverij*
Estofado de vacuno con cerveza belga. Rico, suculento y dulce, y lo mejor es comerlo con *frites* y mayonesa.

2 *Jets d'Houblon*
Brotes de lúpulo −subproducto de primavera de las destilerías− que normalmente se sirve con una salsa cremosa. Saben un poco a espárragos.

3 *Waterzooi*
Reconfortante plato cremoso de pollo (o pescado) con verduras; es un plato tradicional de Gante.

4 *Chicons au Gratin*
Endivias belgas envueltas en jamón y horneadas con una cremosa salsa de queso.

5 *Anguilles au Vert/ Paling in 't Groen*
Anguilas cocinadas con abundante salas de hierbas verdes.

6 *Garnaalkroketten*
Croquetas fritas de patata rellana con gambas frescas; son un excelente entrante o aperitivo.

7 *Salade Liégeoise*
Una ensalada templada de patatas y judías verdes, o ensalada *frisée,* con trozos de beicon frito.

8 *Stoemp*
Patatas machacadas con verduras como zanahorias, puerros y apio o nabo.

9 *Flamiche aux Poireaux*
Una tarta tipo quiche hecha con puerros.

10 *Moules marinière*
Mejillones al vapor hasta que se abren, con vino blanco con perejil, cebolla y apio; normalmente se sirven en una especie de cubo acompañados de patatas fritas.

Moules marinière

TOP 10 Compras

Antigüedades y curiosidades a la venta en la Place du Jeu de Balle, Bruselas

① Antigüedades y curiosidades

Si se buscan pomos *art nouveau*, exquisitas mesas Luis XVI o relojes de bronce, Bélgica es un magnífico coto de caza. En Bruselas se halla toda la gama de variedades entre la Place du Jeu de Balle y la Place du Grand Sablon *(ver p. 77)*.

② Chocolate

La fama del sabor suave y delicioso del chocolate belga está más que justificada. Los mejores fabricantes emplean cacao de primera calidad y luego añaden mantequilla de cacao. Fueron ellos quienes inventaron la técnica de elaborar bombones rellenos a escala industrial. Como resultado, los bombones ofrecen una magnífica relación calidad/precio.

③ Cerveza

En 1900 existían en Bélgica más de 3.200 cerveceras; ahora hay poco más de 150, pero siguen fabricando una sorprendente variedad de cervezas *(ver pp. 60-61)*. Las más famosas son las elaboradas por los monjes trapenses, pero incluso las más ligeras rubias como Stella Artois y Jupiler ofrecen una elevada calidad. Hay tiendas especializadas en cerveza en las principales ciudades.

④ Galletas y repostería

En Bélgica es imposible no detenerse delante de los escaparates de las reposterías, cuyas delicias saben tan exquisitas como parecen. Como alternativa se pueden comprar las famosas galletas en alguna tienda especializadas como Dandoy *(ver p. 17)*

⑤ Tapices

La industria de los tapices fue una de las actividades medievales más importantes en Bruselas y Brujas. Hoy siguen fabricándose de forma artesanal, pero las piezas grandes se venden a precios muy elevados.

⑥ Encaje

En el siglo XIX había en Bélgica decenas de miles de encajeras que fueron pronto desplazadas por las máquinas de encaje. Hoy en día el

Exquisito encaje belga hecho a mano

encaje hecho a mano es una rareza. Para adquirir auténticos encajes artesanales belgas hay que acudir a una tienda donde los objetos lleven la etiqueta de autenticidad. Se suelen pagar a un precio elevado.

7 Alta costura

Desde los años 80 Bélgica se ha situado en primera línea del mundo de la moda, con diseñadores como Dries van Noten, Raf Simons y Walter van Bieirendonck. Muchos de los más destacados diseñadores tienen sus tiendas en Amberes (ver p. 105), pero hay multitud de tiendas en la Rue Dansaert de Bruselas (ver p. 77).

8 Ropa de niños

En Bélgica hay numerosas tiendas de ropa para los pequeños, con telas irresistibles, desde buenas prendas de algodón hasta bonitos jerséis, gorros para el invierno y divertidos zapatos.

9 Objetos de Tintín

Los incondicionales de Tintín pueden conseguir no solo libros del héroe, también camisetas, figuras, juegos, carátulas de teléfono, llaveros, papel de carta, tazas... Los personajes tienen *copyright*, de ahí que la mercancía de producción legal sea cara. Hay una tienda dedicada a Tintín en Rue de la Colline, Bruselas.

Figura de Tintín

10 Diamantes

HRD: www.hrdantwerp.com

Más de las tres cuartas partes del mercado mundial de diamantes en bruto pasa por Amberes; muchos de los diamantes se cortan, pulen y montan aquí. Se pueden encontrar gangas, pero hay que conocer muy bien el mercado. El Hoge Raad voor Diamant (HRD), supervisa un sistema de autentificación fiable y da información.

TOP 10: PROVEEDORES DE CHOCOLATE, GALLETAS Y REPOSTERÍA

Fresas de chocolate en Godiva

1 Godiva
www.godiva.eu
Fabricante de bombones de lujo, con tiendas en todo el mundo.

2 Marijn Coertjens, Gante
www.marijncoertjens.be
Deliciosa repostería y tartas.

3 Neuhaus
www.neuhauschocolates.com
El supuesto inventor del praliné y del *ballotin*.

4 Dumon
www.chocolatierdumon.be
Excelente chocolatería que surgió en Torhout, cerca de Brujas: muy por encima de los productos industriales.

5 Wittamer
www.wittamer.com
Bombones, pasteles, *macaroons* y galletas exquisitas *(ver p. 80)*.

6 Pierre Marcolini
www.eu.marcolini.com
Fabulosos bombones, elaborados todos con ingredientes naturales.

7 Mary
www.mary.be
Bombones de calidad suprema.

8 Galler
www.galler.com
Sus famosas *Langues de Chat* (lenguas de gato) tienen forma de cara de gato.

9 Maison Dandoy
www.maisondandoy.com
Magnífico fabricante de galletas, famoso por sus *speculoos (ver p. 80)*.

10 Jules Destrooper
www.jules-destrooper.com
Fabricante industrial de galletas desde 1886. Sus cajas azules y blancas contienen gofres, *florentines* y galletas finas de almendra.

TOP 10 Bruselas, Brujas, Amberes y Gante gratis

1 Grand Place, Bruselas

La espectacular plaza central de Bruselas es una maravilla de la arquitectura ornamental. Hay un par de sitios donde se paga, pero lo mejor es gratis: permanecer en medio de la plaza para observar asombrado las fachadas *(ver pp. 14-15)*.

2 Manneken Pis, Bruselas

Con toda su desvergonzada gloria a la vista, a solo unos pasos de la Grand Place, se encuentra la más famosa y conocida mascota de Bruselas *(ver p. 73)*. El acceso a la estatua es gratuito, pero tendrá que pagar por ver su colección de trajes en la Maison du Roi *(ver p. 15)*, a menos que vaya el primer domingo de mes.

3 Museo de África, Tervuren

El Museo de África *(ver p. 86)* de Tervuren presenta exposiciones temporales que los fines de semana son gratuitas. También posee unos hermosos jardines paisajísticos gratuitos. Puede pasear entre sus setos podados en forma geométrica y las asombrosas fuentes neoclásicas, hacer un pícnic cerca de los lagos y perderse por los antiguos bosques.

4 El Parlamento Europeo y el Parlementarium, Bruselas

Para todos los ávidos entusiastas de la política aquí hay una oportunidad para ver lo que está pasando en el Parlamento Europeo y echar un vistazo a las vidas y el trabajo de los parlamentarios, y todo gratis *(ver p. 84)*.

El Maagdenhuismuseum, Amberes

5 Museos: días de entrada gratuita

Muchos de los museos públicos ofrecen entrada gratuita un día al mes. Por ejemplo, el primer miércoles de cada mes y después de 13.00 no se cobra en el Musées Royaux des Beaux-Arts *(ver pp. 18-19)* ni en el Musée des Instruments de Musique *(ver pp. 20–21)* en Bruselas. La mayoría de los museos públicos de Amberes también son gratuitos el primer miércoles de cada mes; el Maagdenhuismuseum *(ver p. 104)* y el MAS *(ver p. 102)* el último miércoles.

6 Graslei y Korenlei, Gante

Estos dos muelles históricos, uno frente al otro en el río Leie, están unidos por un puente, el Sint-Michielsbrug. Este proporciona una excelente vista para disfrutar de los dos atracaderos y las torres de Sint-Niklaaskerk, el Belfort y Sint-Baafskathedraal *(ver p. 109)*.

Muelle Graslei, Gante

7 Paseo por Brujas

Una de las mejores cosas que hacer en Brujas es simplemente caminar. Lleve zapatos fuertes (por los adoquines) y póngase a deambular. Prácticamente, en cada sector de la ciudad, dentro de un perímetro ovoide –formado por canales y caminos que siguen la trayectoria de los muros de la vieja ciudad– puedes encontrar algo interesante. Muchos hoteles ofrecen mapas con trayectos a pie.

8 Centraal Station, Amberes

PLANO V2

Monumento a los días gloriosos del ferrocarril: es una estación de riqueza palaciega, con referencias a casi todos estilos arquitectónicos, y reluce con una ornamentación dorada, en mármol pulido y vidrio. Construida en 1905, fue la gran obra maestra del arquitecto de Brujas Louis Delacenserie (1838-1909).

Palais de Justice, Bruselas

9 Palais de Justice, Bruselas

Esta colosal mole, que domina el horizonte de la ciudad, todavía se utiliza como tribunal de justicia, así que normalmente es posible entrar durante las horas de trabajo. Fue el edificio más grande de Europa cuando se finalizó en 1883 después de 17 años de construcción, y el interior es igual de extenso y elaborado como el exterior (ver p. 76).

10 Iglesias

En muchas iglesias se entra gratis (aunque te invitan a dar un donativo). Hay excepciones como la de la catedral de Amberes.

TOP 10: CONSEJOS PARA ADMINISTRAR EL DINERO

Centraal Station, Amberes

1 Los trenes belgas ofrecen descuentos, por ejemplo, en fin de semana, a mayores de 65 años y a menores de 12. Visite www.belgianrail.be.

2 Los precios de los hoteles varían en función del flujo de turistas y de los viajes de negocios. Se pueden encontrar precios de ganga los fines de semana en Bruselas, y reducidos en agosto; en Brujas, los días laborables en temporada baja son más baratos.

3 Compruebe si el desayuno está incluido en el precio del hotel. Si no lo está se incrementará entre 10-25 € por persona y noche el precio de su estancia.

4 El aparcamiento es más caro en el centro de la ciudad, y mucho más barato –gratis, incluso– en las afueras. Aparque y camine por Brujas, Amberes o Gante, o use el transporte público a Bruselas desde un aparcamiento disuasorio.

5 Un pase de 24/48/72 horas o una tarjeta básica recargable y multiviajes MOBIB pueden ahorrar dinero en el trasporte público. Es especialmente relevante en Bruselas, donde podría querer viajar a los museos o lugares de interés de las afueras de Bruselas, más allá de las distancias normales caminando.

6 Los pases de museo le permiten visitar museos en una ciudad determinada a un precio único y reducido.

7 En los restaurantes, los menús de precio fijo –particularmente a mediodía– pueden ser auténticas gangas.

8 Bélgica es famosa por sus frites (patatas fritas), y un buen puesto de patatas (friterie/frietkot) puede proporcionarle una comida barata.

9 Con un pícnic se ahorra dinero. Delicatessen, panaderías y pastelerías ofrecen comida preparada: sándwiches, flanes, pasteles o ensaladas.

10 Los visitantes de fuera de la UE pueden reclamar la mayoría de los impuestos (IVA/BWT) en determinadas compras. Visite www.brusselsairport.be.

TOP 10 Festivales y acontecimientos

1 Festival Internacional de Cine Fantástico, Bruselas

Dos semanas med abr ■ **www.bifff.net**

Los amantes del cine de culto se reúnen en este consolidado festival para ver una muestra de las mejores películas de serie B.

Procesión de la Santa Sangre, Brujas

2 Heilig Bloedprocessie, Brujas

Día de la Ascensión (may)

La festividad más importante de Brujas, la procesión de la Santa Sangre, honra una tradición de 800 años. 40 días después de Semana Santa, la reliquia sagrada de la Santa Sangre recorre las calles de la ciudad en una colorida, espectacular y solemne procesión, con un público vestido con trajes medievales y bíblicos.

3 Fin de semana de jazz, Bruselas

Tres días fin may

■ **www.lottobrusselsjazzweekend.be**

Ritmos de jazz por toda la ciudad durante tres días. Normalmente participan más de 70 bandas que cautivan con sus excelentes actuaciones.

4 Festival van Vlaanderen

Las fechas son sobre todo entre jun-oct ■ **www.festival.be**

Un fabuloso programa de música clásica, jazz, músicas del mundo y danza, es el que ofrece Flandes todos los veranos y otoños, con conciertos en los principales auditorios, en iglesias y otros edificios históricos.

5 Ommegang, Bruselas

Dos días fin jun/prin de jul

En el desfile más espectacular de Bruselas, cerca de 2.000 participantes –vestidos como nobles, comerciantes, soldados y juglares renacentistas– realizan un *ommegang* (recorrido) por la Grand Place. Desde 1549, esta tradición celebra la llegada de Carlos V a Bruselas.

6 Planten van de Meiboom, Bruselas

9 ago (a partir de 13.30)

Esta alegre fiesta se remonta a 1213. De la mano de la Confrérie des Compagnons de Saint-Laurent, vestidos con excéntricos trajes y acompañados de siete figuras gigantes tradicionales, los participantes recorren el centro de Bruselas con un espino antes de plantarlo en la esquina de Rue du Marais con Rue des Sables.

Sección de metales de una orquesta en el Festival van Vlaanderen

7 Reiefestival, Brujas
Tres días fin ago cada 3 años (próximo en 2026)
Este festival de arte multidisciplinario, que debutó en 2023, busca aprovechar los entornos históricos de la ciudad para colmar sus ambiciones artísticas. El primer festival se centró en las diversas manifestaciones de la fe.

8 Praalstoet van de Gouden Boom, Brujas
Fin ago (próximo en 2024)
El Desfile del Árbol Dorado se celebra en Brujas cada cinco años desde 1958. Se trata de una procesión en la que la gente, vestida de época, evoca los gloriosos días de la era borgoña.

9 Toussaint, todo Bélgica
1-2 nov
Al día de Todos los Santos le sigue el Jour des Morts o de los Difuntos, día en que los belgas acuden a los cementerios a limpiar las tumbas y llenarlas de flores, principalmente crisantemos.

Celebración de la Fête de Saint-Nicolas

10 Fête de Saint-Nicolas, todo Bélgica
6 diciembre
La festividad de San Nicolás (Sinterklaas en flamenco) la celebran los niños con más entusiasmo que el día de Navidad. San Nicolás (el auténtico Santa Claus o Papá Noel), vestido de obispo de Myra, recorre las calles con Zwarte Piet, y los niños reciben regalos, caramelos y galletas.

TOP 10: ACTOS Y ESTADIOS DEPORTIVOS

1 Ronde van Vlaanderen
1er do abr o último do mar
Vuelta clásica en el calendario ciclista.

2 Liège-Bastogne-Liège
3er ju abr
Clásica ciclista de la Copa del Mundo.

3 Zesdaagse van Vlaanderen-Gent
PLANO P6 ▪ Finales nov ▪ 't Kuipke, Citadelpark
Cita del ciclismo europeo de velocidad.

4 Estadio Jan Breydel (Olympiapark)
Olympialaan 74, 8200 (Sint-Andries) ▪ 050 40 21 35 ▪ www.clubbrugge.be
Estadio compartido por el Club Brujas y el Círculo de Brujas.

5 20 km de Bruselas
Último do may
Mini maratón de Bruselas.

6 Grand Premio de Bélgica
Spa-Francorchamps ▪ Finales ago
Obligatorio para los amantes del motor.

7 Hippodrome Wellington, Ostende
Carreras de caballos todos los lunes en julio y agosto (carreras y trote).

8 Stade Roi Baudouin
PLANO F1 ▪ Ave du Marathon 135, 1020 BRU (Laeken) ▪ 02 474 39 40
Atletismo, ciclismo y partidos internacionales de fútbol.

9 Estadio Constant Vanden Stock
PLANO F2 ▪ Avenue Théo Verbeeck, 1070 BRU (Anderlecht) ▪ 02 895 08 04 (entradas de fútbol) ▪ www.rsca.be Estadio sede del RSC Anderlecht.

10 Memorial Van Damme
PLANO F1 ▪ Fin ago/prin sep ▪ Stade Roi Baudouin
Importante competición de atletismo.

Atletas en el Memorial Van Damme

TOP10 Excursiones

Impresionante ayuntamiento de Lovaina

① Lovaina
Oficina de turismo: Naamsestraat 3 ▪ 016 20 30 20 ▪ www.visitleuven.be

La vieja ciudad universitaria de Lovaina (en francés Louvain y en flamenco Leuven) debe su encanto a su escala compacta y sus numerosos edificios históricos. Destaca el Stadhuis, el ayuntamiento gótico con detalles que parecen de encaje.

② Walibi Belgium
El parque temático más grande y conocido de Bélgica es una buena opción para pasar el día fuera con los niños *(ver p. 57)*.

③ Forêt de Soignes
Drève du Rouge-Cloître 4, 1160 Auderghem ▪ www.foret-desoignes.be

Los majestuosos hayedos centenarios de Soignes conforman un marco espléndido para pasear o montar en bicicleta, sobre todo en otoño. Hay dos arboretos, el Groenendaal y el Tervuren, y un centro de información en el enclave de la abadía de Rouge-Cloître, del siglo XIV.

④ Namur
Oficina de turismo: Rue du Pont 21 ▪ 081 24 64 49 ▪ www.namurtourisme.be

Bonita ciudad en la confluencia de los ríos Meuse y Sambre. Namur destaca principalmente por su imponente ciudadela, que se aferra a una vertiginosa ladera de una colina.

⑤ Malinas
Oficina de turismo: Vleeshouwersstraat 6 ▪ 015 29 76 54 ▪ www.visit.mechelen.be

Malinas fue una ciudad comercial en la era borgoñona y centro de poder bajo el dominio de Margarita de Austria (1507-1515; 1519-1530). La ciudad está presidida por el gran campanario de la catedral Sint-Rombautskathedraal.

⑥ Lier
Oficina de turismo: Grote Markt 58 ▪ 038 00 05 55 ▪ www.visitlier.be

Esta ciudad del sureste de Amberes cuenta con edificios históricos apiñados en torno al Grote Mark y un beguinaje del siglo XIII que es Patrimonio de la Humanidad de la

Encantadores edificios junto al agua en Lier

Unesco, pero su joya más valiosa es la Zimmertoren, una torre vigía del siglo XIV que luce un fascinante Reloj Centenario.

Colina Butte de Lion, Waterloo

⑦ Waterloo
Route du Lion 1815, 1420 Braine-l'Alleud ▪ 023 85 19 12 ▪ 10.00-18.30 todos los días (hasta 19.00 jul y ago); nov-mar: 10.00-17.30 todos los días ▪ Se cobra entrada ▪ www.waterloo1815.be

Napoleón fue derrotado entre los campos de Waterloo, 15 km al sur de Bruselas. El campo de batalla ha sido aquel enfrentamiento un destino turístico. El centro de visitantes Memorial 1815 es un buen sitio para comenzar.

⑧ Ostende
Oficina de turismo: Monacoplein 2 ▪ 059 70 11 99 ▪ www.visitoostende.be
Es un famoso centro costero muy popular por su excelente marisco.

Cuenta, además, con buenas colecciones de arte, en el Mu.ZEE hay obras del artista local James Ensor y de los simbolistas.

⑨ Damme
Oficina de turismo: Jacob van Maerlantstraat 3 ▪ 050 28 86 10 ▪ www.visitdamme.be
Unos preciosos edificios bajomedievales es todo lo que se conserva de esta antaño próspera ciudad en la cabecera del canal a Brujas. Una bonita excursión para realizar en autocar o bicicleta.

⑩ Ypres
Museo de los Campos de Flandes: Lakenhallen, Grote Markt 34 ▪ 057 23 92 20 ▪ Abr-med nov: 10.00-18.00 todos los días; med nov-mar: 10.00-17.00 ma-do ▪ Cerrado 3 semanas ene, algunos festivos ▪ Se cobra entrada ▪ www.toerismeieper.be ▪ www.inflandersfields.be
Ypres (Ieper en flamenco) fue una de las más importantes ciudades comerciales medievales de Flandes, un legado histórico que la Primera Guerra Mundial destruyó. Hoy es el centro para las visitas a las trincheras y los numerosos cementerios, y alberga también la Puerta Menin, un arco conmemorativo que marca la carretera por la que marcharon multitud de soldados a la batalla. Con todo, su mayor atractivo es el Museo de los Campos de Flandes, consagrado a los antecedentes y desarrollo de la guerra, sus episodios, detalles y horrores.

Recorridos por Bruselas, Brujas, Amberes y Gante

Steenhouwersdijk, uno de los tramos más
pintorescos del canal, Brujas

TOP 10 Centro de Bruselas

El centro de Bruselas se halla confinado en un ordenado recinto denominado el Pentagon. El barrio está limitado por la ajetreada calle de circunvalación llamada Petite Ceinture. La calle sigue el trazado de las viejas murallas de la ciudad. De las murallas se conserva poco más que una de las antiguas puertas de la ciudad, la Porte de Hal, que permite hacerse una idea del imponente tamaño de las fortificaciones. Buena parte de la Bruselas histórica queda dentro de estos límites, incluidos los populares y comerciales barrios de la Ciudad Baja y el aristocrático barrio de la Ciudad Alta, en el que se encuentra el Palacio Real. Además de joyas culturales, se concentran en la zona excelentes lugares donde dormir y comer, buenas tiendas y animados cafés y restaurantes.

CENTRO DE BRUSELAS

	Imprescindible ver pp. 73-75		Bares y cafés ver p. 80
	Restaurantes ver p. 79		Brasseries y tabernas ver p. 78
	Compras ver p. 77		
	Y además... ver p. 76		Vida nocturna ver p. 81

La impresionante Grand Place durante el festival floral Tapis des Fleurs

1 La Grand Place

Todo viaje a Bruselas debe incluir una visita a la Grand Place, aunque solo sea para abastecerse de galletas o bombones belgas. Este sobresaliente legado del pasado gótico y renacentista de la ciudad es un monumento a los valores e ingenio de los artesanos y mercaderes que forjaron la prosperidad de Bruselas *(ver pp. 14-15)*.

Jugadores de cartas de De Braekeleer, Musées Royaux de Beaux-Arts

2 Musées Royaux des Beaux-Arts

La principal colección de arte de Bélgica se centra casi exclusivamente en el arte belga y flamenco. Destacan las raras obras de Pieter Bruegel el Viejo y la estimulante colección de Rubens. Está unido a los museos Fin-de-Siécle y Magritte *(ver pp. 18-19)*.

3 Musée des Instruments de Musique

La célebre colección de instrumentos musicales del MIM ha sido recientemente reubicada en los magníficos almacenes *art nouveau* llamados Old England. Tiene un sistema que guía al visitante que hace que las exposiciones cobren vida *(ver pp. 20-21)*.

4 Sablon

PLANO C4 ▪ Rue de la Régence 3B ▪ Iglesia: 9.00-18.30 lu-vi, 10.00-19.00 sá-do

El nombre Sablon hace referencia al arenoso humedal que hubo en el lugar hasta el siglo XVII. En la Place du Grand Sablon se concentran anticuarios y dos de las principales casas chocolateras de Bruselas, Wittamer y Pierre Marcolini. La Place du Petit Sablon está decorada con estatuas de los gremios medievales de Bruselas. Separa a las dos plazas la Église Notre-Dame du Sablon *(ver p. 46)*.

Église Notre-Dame du Sablon

Un visitante contempla los dibujos del Museo del Cómic

⑤ Museo del Cómic

Reflejo de la gran popularidad del cómic en Bélgica, además de en buena parte de Europa occidental, este original museo antes conocido como Centro Belga del Cómic es un santuario de la forma artística. El material de archivo y piezas expuestas se centran principalmente en los creadores belgas, sobre todo en Hergé, padre del popular Tintín *(ver pp. 24-25)*.

Sótano del Palais Coudenberg

⑥ Palais Coudenberg

PLANO D4 ■ Place des Palais 7 ■ 02 500 45 54 ■ 9.30-17.00 ma-vi, 10.00-18.00 sá y do; 10.00-18.00 todos los días jul y ago ■ Se cobra entrada

A este palacio, sitio donde en la época medieval se encontraba el Palacio Real, se accede por el Musée Belvue *(ver p. 76)*. El palacio fue la residencia de varios gobernantes, entre ellos Carlos V, emperador del Sacro Imperio Romano Germánico, durante más de 600 años, hasta que se quemó en 1731. Lo más destacado es la impresionante sala de banquetes, escenario de la abdicación de Carlos V en 1555.

⑦ Musée Charlier

PLANO E3 ■ Avenue des Arts 16, 1210 Saint Josse-ten-Noorde ■ 02 220 26 91 ■ 12.00-17.00 lu-ju, 10.00-13.00 vi ■ Se cobra entrada ■ www.charliermuseum.be

Bruselas es una ciudad de distinguidas mansiones decimonónicas o *maisons de maître*. El museo proporciona la oportunidad única de visitar el interior de una de ellas. El primer dueño, Henri van Curtsem, encargó a Victor Horta *(ver p. 23)* que rediseñara el interior. En manos del heredero adoptivo de Van Curtsem, el escultor Guillaume Charlier, la mansión se convirtió en centro de la vanguardia bruselense. A su muerte, en 1925, Charlier legó la casa a la ciudad, y hoy conserva buena parte de la decoración original. Hay obras de artistas destacados de la época, como James Ensor, Léon Frédéric, Fernand Khnopff y Rik Wouters, además de una impresionante colección de muebles antiguos.

⑧ Cathédrale des Saints Michel et Gudule

PLANO D3 ■ Parvis Sainte-Gudule ■ 02 217 83 45 ■ 8.00-18.00 todos los días ■ Se cobra entrada solo para el Museo del Tesoro y la cripta

La iglesia más grande y bella de Bruselas, construida a partir de 1226, muestra más de 300 años de diseño arquitectónico. Lo más destacado de su interior es un enorme púlpito barroco de madera de roble, vidrieras renacentistas de colores espléndidos y acceso al tesoro y los restos conservados de la

EL PENTAGON

Las primeras murallas erigidas en torno a Bruselas se levantaron hacia 1100, pero la ciudad creció y se reemplazaron en 1381 por el pentágono que permanece en la actualidad. Las murallas fueron sustituidas a mediados del siglo XIX por bulevares, pero la Porte de Hal *(ver p. 76)* sigue ofreciendo vistas panorámicas de la ciudad.

antigua iglesia románica que estuvo emplazada en este mismo lugar. Consagrada a san Miguel, santo patrono de la ciudad, la catedral también honra a santa Gúdula, una santa local del siglo VIII que superó en astucia al mismo demonio. La catedral acoge ceremonias nacionales, desde bodas reales a funerales de Estado.

⑨ Manneken-Pis

En Bruselas no se puede evitar a este célebre niño, que orina con la despreocupación propia de los más pequeños. Está retratado en postales, camisetas, llaveros y sacacorchos, entre otros objetos, así que merece la pena ver en persona esta pequeña estatua de bronce y hacerle una fotografía *(ver p. 16)*.

⑩ Église St-Jean-Baptiste au Béguinage

PLANO B1 ■ Place du Béguinage
■ 02 217 87 42 ■ 11.00-17.00 ma-sá, 14.00-17.00 do

Considerada una de las iglesias más bonitas de Bélgica, de belleza barroca, perteneció a un *béguinage (ver p. 92)* y data del siglo XVII.

Église St-Jean-Baptiste

UN DÍA EN EL CENTRO

Église Sainte-Catherine
Cathédrale des Saints Michel et Gudule
Rue Dansaert
Bourse
Parc de Bruxelles
Grand Place
Dandoy
Manneken-Pis
Musée des Instruments de Musique
Musées Royaux des Beaux-Arts
Palais Royal
Barrio del Sablon
Rue de la Régence

▶ MAÑANA

El paseo comienza por la **Grand Place** *(ver pp. 14-15)* y con una excursión al **Manneken Pis** *(ver p. 16)*, parando en el camino para tomar un gofre en la tienda **Dandoy** *(ver p. 63)* del 14 de Rue Charles Buls. Se vuelve a la **Bourse** *(ver p. 16)* y se avanza en dirección oeste por la Rue Dansaert, la calle de la moda más actual. Se gira a la derecha en Rue du Vieux Marché aux Grains para subir andando hasta la **Église Sainte-Catherine**, una iglesia proyectada en 1854 por Joseph Poelaert, autor también del Palais de Justice. La iglesia se eleva sobre una parcela de tierra en la cabecera del canal que ahora cubre la Place Sainte-Catherine. Aquí se montaba el antiguo mercado de pescado, y es famosa aún por sus restaurantes de pescado. Es un buen lugar para parar a comer.

TARDE

De regreso hacia el este, conviene detenerse en la **Cathédrale des Saints Michel et Gudule** *(ver p. 74)* antes de comenzar el ascenso de la colina hasta la Rue Royale. Tras un paseo por el agradable **Parc de Bruxelles**, se llega a pie al **Palais Royal** *(ver p. 76)* y la elegante Place Royale del siglo XVII, donde se eleva una estatua del cruzado del siglo XI Godefroy de Bouillon. Desde aquí quedan muy cerca los **Musées Royaux des Beaux-Arts** y el **Musée des Instruments de Musique** *(ver pp. 20-21)*. Para reponer fuerzas hay que bajar por la Rue de la Régence que conduce a los cafés y chocolaterías del barrio del **Sablon** *(ver p. 73)*.

Ver plano de p. 72 ←

Y además...

① Galeries Royales Saint-Hubert

Cuando abrió en 1847, esta elegante galería comercial fue la primera y más grande de Europa *(ver p. 16)*.

② Musée du Costume et de la Dentelle

Expone exquisitos trajes y encajes, una industria que a mediados del siglo XIX empleaba a 10.000 mujeres en Bruselas *(ver p. 16)*.

③ Place des Martyrs

PLANO C2

Los 445 mártires ejecutados en la Revolución belga de 1830 yacen enterrados en una cripta bajo esta plaza.

④ Église Notre-Dame de la Chapelle

PLANO B4 ▪ Place de la Chapelle ▪ Jun-sep 9.00-19.00 todos los días, oct-mar 9.00-18.00 todos los días

Esta enorme y evocadora iglesia parece salida de un cuadro de Bruegel; no es de extrañar, pues Pieter Bruegel el Viejo está enterrado aquí.

⑤ Palais Royal y Museo BELvue

PLANO D4 ▪ Place des Palais. Palais Royal: 02 551 20 20; jul-med sep: 10.30-17.00 ma-do ▪ Museo BELvue: 02 500 45 54; Horario: 9.30-17.00 lu-vi, 11.00-19.00 sá y do ▪ Se cobra entrada ▪ www.belvue.be

Aquí se muestra cómo vivía la realeza en las majestuosas estancias del Palacio Real. Un antiguo hotel al lado del palacio aloja un museo consagrado a la historia de Bélgica desde 1830.

⑥ Palais de Charles de Lorraine

PLANO C4 ▪ Place du Musée 1 ▪ Los horarios varían ▪ Se cobra entrada ▪ www.brusselsmuseums.be

Este palacio del siglo XVIII fue profusamente decorado para el general Carlos de Lorena.

⑦ Cinematek

PLANO D4 ▪ Rue Baron Horta 9 ▪ 02 551 19 00 ▪ todos los días ▪ Se cobra entrada ▪ www.cinematek.be

Cine con una fascinante colección en el vestíbulo que recoge la temprana historia del séptimo arte.

⑧ Porte de Hal

PLANO B6 ▪ Boulevard du Midi 150 ▪ 02 534 34 50 ▪ 9.30- 17.00 lu-ju, 10.00-17.00 sá y do ▪ Se cobra entrada (gratis desde 13.00 1er mi mes)

La única puerta que sobrevive de las murallas del siglo XIV alberga un museo de defensa e historia.

⑨ Illusion Brussels

PLANO C3 ▪ 22 Rue du Marché aux Fromages, 1000 Bru ▪ 02 828 16 00 ▪ 10.00-19.00 lu-ju, 9.00-21.00 vi-do (última entrada 45 min antes del cierre) ▪ Se cobra entrada

Este museo de efectos especiales cautiva a pequeños y a adultos.

⑩ Palais de Justice

PLANO B5 ▪ Place Poelaert

Este espléndido edificio neoclásico es uno de los palacios de justicia más grandes del mundo.

Entrada del Palais de Justice

Compras

1 **Galeries Royales Saint-Hubert**

Alberga tiendas de lujo incluyendo joyerías y artesanía de cristal *(ver p. 16)*.

2 **Rue Neuve**
PLANO C2

Calle comercial peatonal junto al centro, con muchas de las principales tiendas de moda europeas y una gran sede de los grandes almacenes Inno en el extremo norte.

3 **Rue Antoine Dansaert**
PLANO A2

Muchos de los diseñadores de Amberes están representados en las tiendas de esta ecléctica calle comercial, y hay varios locales donde también se hallan destacadas marcas belgas.

Puesto de Navidad

4 **Mercado navideño**
PLANO B3

Desde principios de diciembre a comienzos de enero, el mercado vende todo tipo de artículos navideños en las calles de los alrededores de la Bourse y en Quai aux Briques.

5 **Place du Grand Sablon**
PLANO C4

Hay anticuarios en la plaza y en los callejones laterales. Aquí tienen sus locales dos de los mejores chocolateros belgas, Wittamer y Pierre Marcolini *(ver p. 63)*.

6 **Galerie Agora**
PLANO C3 ■ Rue du Marché aux Herbes

En esta laberíntica galería cubierta se venden camisetas, gorras, marroquinería, bisutería e incienso.

Libros de segunda mano, Galerie Bortier

7 **Galerie Bortier**
PLANO C3 ■ Rue de la Madeleine 55 ■ Cerrado lu y do

Menor que las Galeries Royales Saint-Hubert, pero igual de elegantes. Aquí se pueden adquirir libros usados, grabados, postales y carteles.

8 **Avenue Louise y Galerie de la Toison d'Or**
PLANO C6/D5

Los grandes diseñadores internacionales se encuentran en Avenue Louise y el Boulevard de Waterloo. La Galerie de la Toison d'Or, que es cubierta y se encuentra un poco al este, también es un importante centro de compras.

9 **Alrededor de la Grand Place**
PLANO B3/C3

Rue du Marché aux Herber, Rue du Marché aun Charbon y Rue du Midi tienen *boutiques*, joyerías, librerías y tiendas de comida.

10 **Rue Blaes y Place du Jeu de Balle**
PLANO B5

La Place du Jeu de Balle acoge un mercadillo todos los días (6.00-14.00) y hay también tiendas similares en Rue Blaes.

Ver plano de p. 72 ←

Brasseries y tabernas

① O la Vache
PLANO B2 ■ Rue de Flandre 25 ■ 0487 903 480 ■ Cerrado lu ■ €

Excelentes carnes asadas a la parrilla con carbón en la cocina abierta de un bistró alumbrado con velas.

② In 't Spinnekopke
PLANO A3 ■ Place du Jardin-aux-Fleurs 1 ■ 02 512 92 05 ■ Cerrado do, lu ■ €€

Atractivo *estaminet* (taberna tradicional) que respeta su legado dieciochesco con una carta de buenos platos bruselenses, muchos elaborados con cervezas locales.

③ Bozar Restaurant
PLANO D3 ■ Rue Baron Horta 3 ■ 02 503 00 00 ■ Cerrado do, lu, ma y sá comida ■ €€€

Diseñado por Victor Horta en 1928, este restaurante con estrella Michelin, una joya de *art déco*, ha sido puesto al día tras una renovación. El galardonado chef prepara platos de cocina belga.

④ Les Petits Oignons
PLANO C5 ■ Rue de la Régence 25 ■ 02 511 76 15 ■ €€

Esta *brasserie* ofrece cocina mediterránea y francesa. Es popular por la cuidada selección de su carta de vinos.

⑤ Nüetnigenough
PLANO B3 ■ Rue du Lombard 25 ■ 02 513 78 84 ■ Cerrado lu-vi comida ■ €

Esta animada taberna ofrece especialidades belgas y una carta de cervezas.

⑥ Le Pain Quotidien
PLANO B2 ■ Rue Antoine Dansaert 16a ■ 02 502 23 61 ■ €

Esta franquicia es todo un éxito gracias a sus excelentes bocadillos y tentadora repostería. Es el local original y más céntrico de la ciudad.

⑦ Le Pré Sal
PLANO B2 ■ Rue de Flandre 20 ■ 02 513 65 45 ■ €€

Este bistró ofrece deliciosos clásicos belgas, como anguilas, *stoemp (ver p. 61)* y *moules marinière* (mejillones con vino blanco), todo servido con patatas fritas y mayonesa casera. El menú del día tiene buena relación calidad precio.

⑧ Taverne du Passage
PLANO C3 ■ Galerie de la Reine 30 ■ 02 512 14 13 ■ €€

Tradicional taberna de 1930 con atentos camareros y una clientela satisfecha. Sus platos de pescado son excelentes.

Taverne du Passage de estilo *art déco*

⑨ 't Kelderke
PLANO C3 ■ Grand Place 15 ■ 02 513 73 44 ■ €€

Restaurante bodega del siglo XVII que sirve festines de cocina belga. Buena comida que atrae a residentes y visitantes.

⑩ Chez Léon
PLANO C3 ■ Rue des Bouchers 18 ■ 02 511 14 15 ■ €

Fundado en 1893, este especialista en *moules-frites* es ya una marca registrada internacional.

Ver plano de p. 72

Restaurantes

① Comme Chez Soi
PLANO B4 ▪ Place Rouppe 23 ▪ 02 512 29 21 ▪ Cerrado do-ma ▪ €€€

El restaurante más famoso de Bruselas. Hay que reservar con semanas de antelación para disfrutar de su innovadora cocina francesa.

Interior de L'Ecailler du Palais Royal

② L'Ecailler du Palais Royal
PLANO C4 ▪ Rue Bodenbroek 18 ▪ 02 512 87 51 ▪ Cerrado med jul-med ago ▪ €€€

Uno de los restaurantes de pescado más prestigiosos de Bruselas, tranquilo y refinado que atrae a una clientela madura.

③ Au Vieux Saint Martin
PLANO C4 ▪ Place du Grand Sablon 38 ▪ 02 512 64 76 ▪ €€

Cocina belga de temporada mientras se disfruta del arte moderno expuesto en sus paredes.

④ Isabelle Arpin
PLANO G2 ▪ Avenue Louise 362 ▪ 0472 09 46 86 ▪ Cerrado lu, ju-vi, sá cena ▪ €€€

Aquí, cada plato es una auténtica obra de arte y un sutil equilibrio de sabores, colores y texturas.

⑤ La Villa Lorraine
PLANO G2 ▪ Avenue du Vivier d'Oie 75 ▪ 02 374 31 63 ▪ Cerrado do-lu ▪ €€€

Para probar la cocina creativa del famoso chef belga Yves Mattagne. Tiene un salón y una coctelería.

⑥ La Belle Maraîchère
PLANO B2 ▪ Place Sainte-Catherine 11a ▪ 02 512 97 59 ▪ Cerrado mi, ju ▪ €€€

Muy popular desde hace décadas, este restaurante sirve excelentes platos de pescado.

⑦ Coco Brussels
PLANO C5 ▪ Rue Capitaine Crespei 1 ▪ 02 513 03 03 ▪ Cerrado comida, do ▪ €€

Situado en el extremo sur del Pentagon, este restaurante y coctelería sirve una cocina clásica preparada con productos frescos. Tiene dos comedores y dos terrazas, una de ellas en la azotea.

⑧ Restaurant Vincent
PLANO C3 ▪ Rue des Dominicains 8-10 ▪ 02 511 26 07 ▪ Cerrado do ▪ €€€

Deguste los mejillones en un comedor decorado con murales antiguos de mosaicos y motivos marinos.

⑨ La Bonne Chère
PLANO B4 ▪ Rue Notre-Seigneur 19 ▪ 02 523 75 55 ▪ Cerrado do, lu y sá comida ▪ €€

En este restaurante rústico pero elegante se puede disfrutar de una cocina de temporada al estilo bistró.

⑩ Aux Armes de Bruxelles
PLANO C3 ▪ Rue des Bouchers 13 ▪ 02 511 55 50 ▪ €€

Fundado en 1921, se trata de toda una institución en Bruselas; ambiente elegante y cocina belga impecable.

Exterior de Aux Armes de Bruxelles

Ver plano de p. 72 →

Bares y cafés

① Le Greenwich
PLANO B2 ■ Rue des Chartreux 7

Todo un clásico de Bruselas, especialmente popular entre los ávidos jugadores de ajedrez. Era un lugar muy frecuentado por Magritte.

Jugando al ajedrez en Le Greenwich

② Le Roy d'Espagne
PLANO C3 ■ Grand Place 1

Famoso bar en la antigua casa gremial de los panaderos. Decoración medieval en el interior, donde sirven comidas ligeras.

③ Au Bon Vieux Temps
PLANO C3 ■ Impasse St- Nicolas 4 ■ 02 217 26 26

Hay que estar atento para no perderse esta tradicional taberna del siglo XVII escondida en una calle lateral de Rue du Marché aux Herbes.

④ Moeder Lambic
PLANO B3 ■ Place Fontainas 8 ■ www.moederlambic.com

El local del centro de la venerada "academia de la cerveza" de Saint-Gilles, es un espléndido bar que ofrece cientos de cervezas principalmente belgas, docenas de ellas son de barril, y todas aparecen en el catálogo.

⑤ Le Cirio
PLANO B3 ■ Rue de la Bourse 18 ■ www.lecirio.be

Le Cirio, otro clásico, abrió en 1886 y es famoso por sus *half-en-half*, un vino blanco mezcla espumoso sin gas.

⑥ Maison Dandoy
PLANO C3 ■ Rue Charles Buls 14

Esta panadería artesana ofrece deliciosas *speculoos* (galletas especiadas belgas) y gofres con salsa de chocolate o fruta y nata montada.

⑦ Wittamer
PLANO C4
■ Place du Grand Sablon 12-13

Chocolatería muy popular donde se puede degustar sentado bajo un baldaquín rosa vivo sus deliciosos productos junto a un té o un café. El praliné es particularmente popular entre los visitantes.

⑧ Peck 47
PLANO B2
■ Rue du Marché aux Poulets 47
■ 02 513 02 87

En este popular café sirven durante todo el día almuerzos, meriendas, café y pasteles. También tienen productos veganos y sin gluten.

⑨ Bonnefooi
PLANO B3 ■ Rue des Pierres 8
■ www.bonnefooi.be

Este animado bar atrae a una clientela joven. Música en directo por las noches y DJ los fines de semana.

⑩ À La Mort Subite
PLANO C2 ■ Rue Montagne aux Herbes Potagères 7

Muerte Súbita puede sonar alarmante, pero ese célebre bar, rediseñado en estilo rococó en 1926, toma su nombre de un juego de dados.

À La Mort Subite

Vida nocturna

Archiduc a toda marcha

① Archiduc
PLANO B2 ▪ Rue Antoine
Dansaert 6-8 ▪ 02 512 06 52

Este legendario bar *art déco* de la década de 1930, en el que su diseño evoca un crucero, ha recibido a los grandes del jazz. Se cierra después de medianoche.

② Fuse
PLANO B5 ▪ Rue Blaes 208
▪ 02 511 97 89

La anodina fachada industrial oculta la mejor discoteca. Los DJ ponen música tecno y *drum'n'bass*.

③ Bloody Louis
PLANO C6 ▪ Avenue Louise 32
▪ www.bloodylouis.be

Esta discoteca, situada en Louise Gallery, presenta a importantes DJ, y es grande, descarada y decididamente electrónica.

④ La Reserve
PLANO C3 ▪ Petite Rue au Beurre
2a ▪ 02 511 60 06

Es el bar LGTBIQ+ más antiguo de la ciudad. Acuden tanto locales como turistas por su ambiente animado los fines de semana y por su excelente selección de cervezas, muchas de la cercana fábrica artesanal En Stoemelings.

⑤ The Music Village
PLANO B3 ▪ Rue des Pierres 50
▪ www.themusicvillage.com

Bar de jazz y blues con conciertos en directo todas las noches a las 20.30 y a las 21.00 los fines de semana. Cena disponible antes o durante los conciertos.

⑥ Spirito Brussels
PLANO C6 ▪ Rue Stassart 18
▪ www.spiritobrussels.com

Ubicado en una antigua iglesia anglicana, este restaurante cuenta con una hermosa iluminación y amplia pista de baile.

⑦ Madame Moustache
PLANO B2 ▪ 5-7 Quai au Bois à
Brûler ▪ 0489 739 912

Discoteca retro que ofrece conciertos de rock'n'roll, swing, funk y jazz. Muy orgullosa de su atmósfera extravagante y de cabaret.

⑧ Delirium Village
PLANO C3 ▪ Impasse de la
Fidélité 4 ▪ 02 514 44 34

Este animado complejo de *pubs* tiene el récord Guinness por el número de cervezas diferentes que puede ofrecer (más de 2.000), entre ellas diversas cervezas artesanas locales.

⑨ Café Roskam
PLANO B2 ▪ Rue de Flandre 9
▪ www.café-roskam.be

Este animado bar nocturno los domingos por la noche se convierte en un club de jazz de primera categoría.

⑩ The Green Man
PLANO C3 ▪ Rue des Chapeliers
26 ▪ 0473 405 399 ▪ Cerrado lu-mi

Una agradable coctelería con espacio en el exterior para sentarse en las noches templadas. La mayoría de los fines de semana hay música en directo.

Ver plano de p. 72 →

TOP 10 Otros barrios de Bruselas

Parc du Cinquantenaire

En el transcurso de los siglos, Bruselas se expandió más allá de las viejas murallas absorbiendo a los pueblos y aldeas de los alrededores. Estas comunidades periféricas como Ixelles, Saint-Gilles y Anderlecht conservan su particular carácter, de ahí la diversidad cultural que ofrecen. La excelente red de transporte público permite moverse con facilidad por estos barrios, y los lugares de interés bien merecen el viaje.

① Museo de Arte y Diseño del Atomium

PLANO F1 ▪ Place de Belgique, 1020 BRU (Laeken) ▪ 02 669 49 29 ▪ 11.00-19.00 todos los días ▪ Se cobra entrada ▪ www.designmuseum.brussels

En la sombra del Atomium, este museo se centra únicamente en el diseño moderno. Destaca especialmente el enorme Plasticarium, colección de los mayores objetos diseñados en plástico en Europa, desde el juguetón Pop Art a la postmoderna e icónica silla cantilever. Las exposiciones temporales centradas en el mundo del diseño abarcan diversos temas y materiales.

OTROS BARRIOS DE BRUSELAS

Atomium

② Atomium
PLANO F1 (recuadro) ▪ Square de l'Atomium, 1020 BRU (Laeken) ▪ 02 475 47 75 ▪ 10.00-18.00 todos los días ▪ Se cobra entrada ▪ www.atomium.be

Esta célebre maqueta de una molécula de metal y cristal se erigió como Casa de Bélgica en la Exposición Universal de Bruselas de 1958. Tiene 102 m de alto y 9 esferas de 18 m de diámetro.

- **① Imprescindible**
  ver pp. 82-85
- **① Restaurantes, cafés y bares** ver p. 87
- **① Y además...**
  ver p. 86

③ Museo Horta
Una sinfonía de diseño *art nouveau* (ver pp. 22-23).

④ Train World
PLANO G2 ▪ Place Princesse Élisabeth 5, 1030 BRU (Schaerbeek) ▪ 02 224 74 98 ▪ 10.00-17.00 ma-do (última entrada 15.30); cerrado festivos ▪ Se cobra entrada ▪ www.trainworld.be

Abierto en 2015, este museo muestra la impresionante colección de los ferrocarriles nacionales belgas (NMBS/SNCB). Posee locomotoras de la década de 1840, coches y todo tipo de objetos ferroviarios, presentados teatralmente gracias a la iluminación, efectos de sonido y un imaginativo atrezo que ayuda a personalizar las exposiciones. La hermosa estación del siglo XIX inmaculadamente restaurada, Schaerbeek es el principal acceso (se accede por tren, tranvía y autobús), y está contigua a las salas modernas y construidas especialmente que albergan las principales exposiciones.

Museo Van Buuren

⑤ Museo Van Buuren
PLANO G3 ▪ Ave Léo Errera 41, 1180 BRU (Uccle) ▪ 02 343 48 51 ▪ Museo y jardines: 14.00-17.30 mi-lu ▪ Se cobra entrada ▪ www.museumvanbuuren.be

Esta residencia *art déco* bien conservada, que fue el hogar de David y Alice van Buuren, alberga muebles, vidrieras y pintura contemporánea.

6 Pixel Museum

PLANO G2 ■ Tour et Taxis, Av du Port 86c, 1000 BRU ■ 10.00-18.00 mi-do ■ www.pixel-museum.brussels

Este museo dedicado al arte de los videojuegos es imprescindible para jugadores y para cualquiera que esté interesado en su historia. Desde el primer sistema casero de videojuego Magnavox Odyssey (1972) hasta la tecnología actual VR, en la exposición pueden verse juegos, consolas y arte *pop*. También hay exposiciones temporales y actos, y se puede jugar con los clásicos de los últimos cuarenta años.

Parc du Cinquantenaire

7 Parc du Cinquantenaire

PLANO H4 ■ Parc du Cinquantenaire, 1000 BRU ■ Musées Royaux d'Art y d'Histoire: 02 741 73 31; 9.30-17.00 ma-vi, 10.00-17.00 sá-do; cerrado festivos; se cobra entrada (gratis 13.00-17.00 1er mi mes); www.kmkg-mrah.be ■ Musée Royal de l'Armée: 02 737 78 11; 9.00-17.00; cerrado festivos; se cobra entrada; www.klm-mra.be ■ Autoworld: 02 736 41 65; abr-sep: 10.00-18.00 todos los días, oct-mar: 10.00-17.00 (hasta 18.00 los fines de semana en invierno); se cobra entrada; www.autoworld.be

En 1880 el rey Leopoldo II organizó una gran feria internacional para celebrar el 50 aniversario de la fundación de la nación. Los vastos recintos feriales que erigió, junto con sus sucesores, albergan hoy un grupo de importantes museos. Los más espectaculares son sin duda los Musées Royaux d'Art y d'Histoire, una valiosa colección de tesoros del mundo.

Cerca quedan el Musée Royal de l'Armée et d'Histoire Militaire (un extenso museo militar) y Autoworld (una importante colección de coches de época). El parque acoge también al extraordinario Atelier de Moulage y el Pavillon Horta, una obra neoclásica de un joven Victor Horta-Lambeaux para alojar las esculturas eróticas de Jef Lambeaux (1852-1908).

8 Parlamento Europeo y Parlamentarium

PLANO F5 ■ Rue Wiertz 60, 1047 BRU ■ 02 283 22 22 ■ Guías multimedia: 9.00-13.00 lu-vi (hasta 17.00 ju) ■ Parlamentarium: 13.00-18.00 lu, 9.00-18.00 ma-vi, 10.00-18.00 sá y do ■ Casa de la Historia de Europa: 13.00-18.00 lu, 9.00-18.00 ma-vi, 10.00-18.00 sá y do ■ www.europarl.europa.eu

La política de la UE puede parecer un tema complejo, pero una visita al Parlamento Europeo y a su Casa de la Historia de Europa puede ayudar a comprenderlo por primera vez. Audio guías gratuitas en el Parlamento, mientras que en el Parlamentarium

El Parlamento Europeo

explican el pasado, presente y futuro de la UE con más detalle. Los visitantes del Parlamentarium cuentan con un teléfono multimedia que los guía en torno a las pantallas interactivas. Aquí se puede conocer a los diputados, escuchar los múltiples idiomas en el Túnel de las voces y averiguar por qué el Parlamento se traslada de Bruselas a Estrasburgo cada mes.

Musée Constantin Meunier

PLANO G2 ■ Rue de l'Abbaye 59, 1050 BRU (Ixelles) ■ 02 648 44 49 ■ 10.00-12.00, 12.45-17.00 ma-vi; cerrado fines de semana y festivos ■ www.fine-arts-museum.be

Constantin Meunier (1831-1905) fue uno de los grandes escultores de finales del siglo XIX, que alcanzó la fama con sus obras en bronce representando a trabajadores. El museo ocupa su antigua casa.

El entierro prematuro, Antoine Wiertz

Musée Antoine Wiertz

PLANO F5 ■ Rue Vautier 62, 1050 BRU (Ixelles) ■ 02 648 17 18 ■ 10.00-12.00, 12.45-17.00 ma-vi; cerrado festivos y sá-do (excepto los grupos que han reservado) ■ www.fine-arts-museum.be

Este museo es uno de los más extraordinarios de Bruselas. Antoine Wiertz (1806-1865) fue un artista polémico del movimiento romántico belga que construyó este gran estudio para pintar cuadros gigantes. Estos enormes lienzos son interesantes, pero también lo son las obras de menor tamaño, como los retratos, autorretratos y obras más pequeñas, algunas tan macabras que inspiran tanto estupor como regocijo.

PASEO POR BRUSELAS DE LEOPOLDO II

MAÑANA

Se necesita calzado muy cómodo porque el recorrido es de 5 km e incluye media docena de museos. No hace falta visitarlos todos, y menos en lunes, cuando la mayoría de ellos permanecen cerrados. El paseo se inicia en la estación de metro Schuman, en el corazón del barrio Europeo, cerca del edificio Justus Lipsius. Si se tienen fuerzas, conviene subir la Rue Archimède para admirar el edificio *art nouveau* del **Hôtel Saint-Cyr** en la Square Ambiorix *(ver p. 48)*. Si no es así, se puede ir al **Parc du Cinquantenaire** *(ver p. 84)* para visitar cualquiera de sus museos. Para tomar algo, en la **Place Jourdan** se sitúan cafés y restaurantes variados.

TARDE

Hay que cruzar el Parc Leopold para visitar el **Museo Wiertz**, y luego andar a pie cerca de 1,5 km hasta el exclusivo **Café Belga,** situado en el edificio Flagey de 1930 *(ver p. 87)* para comer algo. Continuar hasta el **Museo Meunier** o relajarse en el arboreto del vecino **Park Tenbosch.** Una vez aquí se está a tan solo 10 minutos del **Museo Horta** *(ver pp. 22-23)*, desde donde se puede coger un tranvía de vuelta a casa o bien dar un paseo junto a las casas *art nouveau* del vecindario *(ver pp. 48-49)* y rematar el día con una cena en **Le Clan des Belges** *(ver p. 87)*.

Y además...

(1) Musée René Magritte
PLANO F1 ■ Rue Esseghem 135, 1090 BRU ■ 02 428 26 26 ■ 10.00-18.00 mi-do ■ Se cobra entrada ■ www.magrittemuseum.be
El modesto hogar de Magritte.

(2) Musée du Tram
PLANO G2 ■ Ave de Tervuren 364B, 1150 BRU (Woluwe-Saint-Pierre) ■ 02 515 31 08 ■ abr-sep: 13.00-18.00 sá, do y festivos ■ Se cobra entrada ■ www.trammuseum.brussels
Espléndida colección de tranvías históricos de Bruselas, y paseos en tranvía.

(3) Béguinage d'Anderlecht
PLANO F2 ■ Rue du Chapelain 8, 1070 BRU ■ 02 521 13 83 ■ 10.00-18.00, 14.00-17.00 ma-do ■ Se cobra entrada
Este *béguinage (ver p. 92)* es un museo que muestra la vida diaria de las beguinas.

Invernaderos reales de Laeken

(4) Serres Royales de Laeken
PLANO G1 ■ Ave du Parc Royal (Domaine Royal), 1020 BRU ■ Tres semanas cada primavera; consultar la web ■ Se cobra entrada ■ www.monarchie.be
Los invernaderos reales.

(5) Maison d'Érasme
PLANO F2 ■ Rue du Formanoir 31, 1070 BRU (Anderlecht) ■ 02 521 13 83 ■ 10.00-18.00 ma-do ■ Se cobra entrada; reserva anticipada ■ www.erasmushouse.museum
Esta casa alojó al humanista holandés Erasmo en 1521. Hoy alberga un museo dedicado a su vida.

Muséum des Sciences Naturelles

(6) Musée des Sciences Naturelles
PLANO F5 ■ Rue Vautier 29, 1000 BRU ■ 9.30-17.00 ma-vi, 10.00-18.00 sá, do y festivos escolares ■ Se cobra entrada ■ www.naturalsciences.be
Esqueletos completos de dinosaurios.

(7) Basilique Nationale du Sacré-Coeur
PLANO F1 ■ Parvis de la Basilique 1, 1081 BRU (Ganshoren) ■ 02 421 16 60 ■ Museo de la azotea y mirador: 10.00-16.30 todos los días (9.00-17.30 en verano) ■ Iglesia: 8.00-18.00 en verano y 8.00-17.00 en invierno
Edificio *art déco* con vistas desde la cúpula.

(8) Cantillon
PLANO A4 ■ Rue Gheude 56, 1070 BRU (Anderlecht) ■ 02 521 49 28 ■ 10.00-16.00 lu-sá ■ Cerrado mi, do y festivos ■ Se cobra entrada (cata de cervezas incluida) ■ www.cantillon.be
La mejor opción para visitar un museo cervecero.

(9) Maison Autrique
PLANO G2 ■ Chaussée de Haecht 266, 1030 BRU (Schaerbeek) ■ 12.00-16.00 mi-do ■ Se cobra entrada ■ www.autrique.be
Primer proyecto de Horta *(ver p. 54)*.

(10) Museo de África
PLANO H2 ■ Leuvensesteenweg 13, 3080 Tervuren ■ 02 769 52 11 ■ 10.00-17.00 ma-vi (hasta 18.00 sá-do) ■ Se cobra entrada ■ www.africamuseum.be
Museo *(ver p. 64)* sobre el patrimonio artístico africano.

Ver plano de pp. 82-83

Restaurantes, cafés y bares

PRECIOS
Una comida de tres platos con media botella de vino (o equivalente), servicio e impuestos incluidos.
....
€ menos de 40 € €€ 40-60 € €€€ más de 60 €

(1) La Porteuse d'Eau
PLANO F1 ▪ Ave Jean Volders 48, 1060 ▪ 02 537 66 46 ▪ Cerrado lu ▪ €
Los clientes pueden disfrutar de vino y cerveza en esta famosa *brasserie* de Saint-Gilles de estilo *art nouveau* que ofrece platos como filete con patatas fritas y mejillones a la marinera.

(2) La Quincaillerie
PLANO G2 ▪ Rue du Page 45, 1050 BRU (Ixelles) ▪ 02 533 98 33 ▪ Cerrado lu, sá comida ▪ €€
El restaurante es conocido por su espectacular interior *art nouveau* y sus deliciosos platos de marisco.

(3) Le Chapeau Blanc
PLANO F2 ▪ Rue Wayez 200,1070 BRU (Anderlecht) ▪ 02 520 02 02 ▪ Cerrado lu ▪ €€
Encantadora *brasserie* donde sirven excelentes mejillones y ostras (en temporada), y carnes.

(4) L'Ultime Atome
PLANO D5 ▪ Rue St Boniface 14, 1050 BRU (Ixelles) ▪ 02 513 48 84 ▪ Abre todos los días ▪ €€
Brasserie de moda donde la gente acude a tomar cervezas artesanales, cócteles y vino tinto francés.

(5) Rouge Tomate
PLANO C6 ▪ Ave Louise 190, 1050 BRU (Ixelles) ▪ 02 647 70 44 ▪ Cerrado sá mediodía y do ▪ €€
Platos mediterráneos ideales para vegetarianos.

(6) Le Balmoral Milk Bar
PLANO G2 ▪ Place Georges Brugmann 21, 1050 BRU (Ixelles) ▪ 02 347 08 82 ▪ Cerrado lu y ma ▪ €
Comedor estilo estadounidense de los sesenta, alabado por sus hamburguesas y batidos.

(7) La Canne en Ville
PLANO C6 ▪ Ave Louise 77, 1050 BRU (Ixelles) ▪ 02 347 29 26 ▪ Cerrado do, lu, sá comida y fines de semana jul y ago ▪ €€€
Restaurante con estrella Michelin que sirve deliciosa cocina francesa y una gran selección de vinos.

(8) Café Belga (edificio Flagey)
PLANO G2 ▪ Place Eugène Flagey 18, 1050 BRU (Ixelles) ▪ 02 640 35 08 ▪ €
Café de moda situado en el extraordinario edificio *art decó* de los años 30 de radio Flagey, que atrae a jóvenes artistas. Ofrece música en directo.

(9) Moeder Lambic
PLANO G2 ▪ Rue de Savoie 68, 1060 BRU (Saint-Gilles) ▪ 02 544 16 99 ▪ €
Pub dedicado principalmente a la cerveza; ofrece 450 tipos diferentes.

(10) Le Clan des Belges
PLANO D6 ▪ Rue de la Paix 20, 1050 BRU (Ixelles) ▪ 02 511 11 21 ▪ €€
Esta animada *brasserie* es muy popular por sus platos clásicos belgas a precios razonables.

L'Ultime Atome

🔟 Brujas

En la Edad Media, Brujas era una de las ciudades más prósperas de Europa. Obtenía su riqueza del comercio que llenaba su red de canales de infinidad de mercancías. Hacia 1500 la ciudad entró en declive y cayó en el olvido durante cuatro siglos. Brujas se conservó como una pequeña ciudad medieval, cuya pobreza aliviaban hospicios, instituciones caritativas y una industria doméstica que atendía la demanda de encajes. A finales del siglo XIX, se inició una campaña de conservación y restauración. La ciudad ha sido desde entonces un destino turístico. Además de sus hoteles, restaurantes y bares, Brujas posee colecciones de arte muy conocidas y es una maravillosa ciudad para pasear y dejarse sorprender en cada esquina.

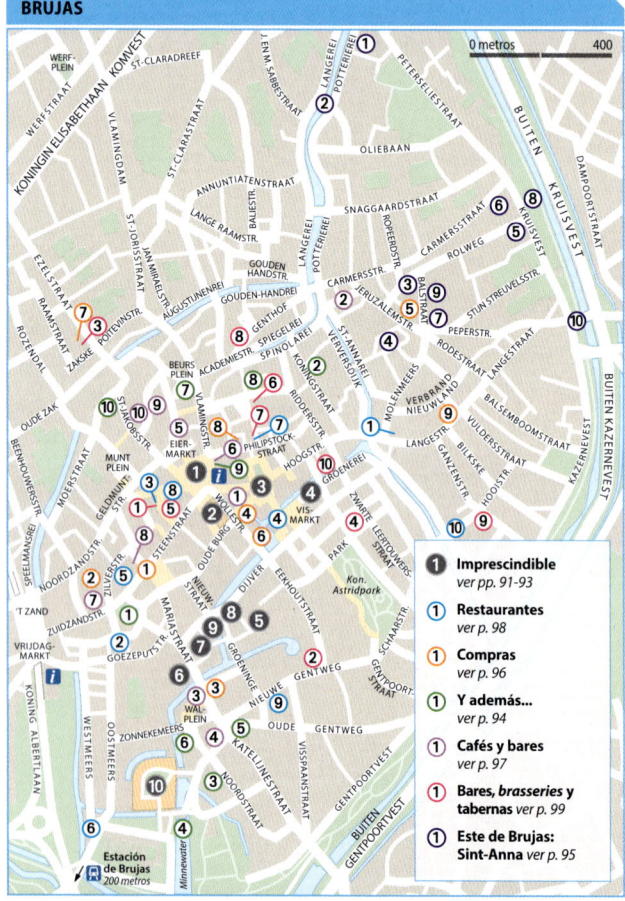

1	**Imprescindible** *ver pp. 91-93*
1	**Restaurantes** *ver p. 98*
1	**Compras** *ver p. 96*
1	**Y además…** *ver p. 94*
1	**Cafés y bares** *ver p. 97*
1	**Bares, *brasseries* y tabernas** *ver p. 99*
1	**Este de Brujas: Sint-Anna** *ver p. 95*

Páginas anteriores *Restaurantes iluminando el Markt por la noche, Brujas*

Atractivos edificios con hastiales en el Markt

① El Markt
PLANO K4

La plaza mayor de Brujas conserva buena parte de su aspecto original, aunque el edificio Provinciaal Hof (antiguo gobierno local) del lado este realmente es del siglo XIX; el ala izquierda ahora alberga la experiencia multimedia "Historium" *(ver p. 94)*. El Markt también acoge un gran mercado los miércoles por la mañana, y el mercadillo de Navidad (con una pista de hielo en el centro) en diciembre.

② Belfort
PLANO K4 ■ Markt 7 ■ 9.30-18.00 todos los días (mar-oct: hasta 20.00) ■ Se cobra entrada

Para disfrutar de una espectacular vista sobre las calles medievales de Brujas, hay que subir los 366 escalones hasta lo alto del Belfort (campanario). Incluye un carillón de 47 campanas cuyo mecanismo se instaló en 1748. Las campanas, sin embargo, también las puede tañer el *beiaardier* (campanero) desde un teclado ubicado en la planta inferior, sin necesidad de ascender hasta lo alto de la torre.

③ El Burg
Esta recogida y encantadora plaza –un rutilante conjunto de arquitectura, escultura y dorados históricos– fue el corazón de la antigua Brujas *(ver pp. 26-27)*.

④ Steenhouwersdijk y Groenerei
PLANO L4

Justo al sur del Burg discurre uno de los más bonitos tramos de canal, donde las tranquilas aguas reflejan los puentes y el perfil medievales de la ciudad. Es aquí donde el Steenhouwerdijk (dique del mampostero) se convierte en el Groenerei (canal verde) y aparece flanqueado por un pintoresco hospicio denominado De Pelikaan, que data de 1714 y toma su nombre del símbolo de la caridad cristiana, el pelícano.

El canal desde Steenhouwersdijk

⑤ Groeningemuseum
Se trata de una de las más importantes colecciones de arte del norte de Europa, con obras de los grandes maestros bajomedievales flamencos como Jan van Eyck y Hans Memling, y es una de las más compactas *(ver pp. 30-31)*.

6 Sint-Janshospitaalmuseum

Hans Memling (c. 1430-1494), uno de los artistas más influyentes del Flandes borgoñón, contó entre sus más importantes patronos con el Hospital de San Juan. Hoy magníficamente restaurado y con una excelente audio-guía disponible con la entrada, los viejos pabellones del hospital exponen una fascinante selección de tesoros, pinturas y material quirúrgico histórico, a la que se une una botica del siglo XV. La exposición culmina en la capilla, donde se aloja la valiosa colección de pintura de Memling *(ver pp. 30-31)* que posee el hospital.

7 Onze-Lieve-Vrouwekerk

PLANO K5 ■ Mariastraat
■ 9.30-17.00 lu-sá (hasta 13.30 vi), 13.30-17.00 do ■ Se cobra entrada para el presbiterio (iglesia gratis)

La imponente aguja de la iglesia de Nuestra Señora (la estructura más alta de la ciudad) es otro rasgo emblemático de la silueta de Brujas. Se trata de un complejo conglomerado arquitectónico: el exterior es un buen ejemplo del austero gótico del Escalda y tardó en construirse dos siglos a partir de 1220. El interior es principalmente gótico, con florituras barrocas en las estatuas y el singular púlpito (1743). En este

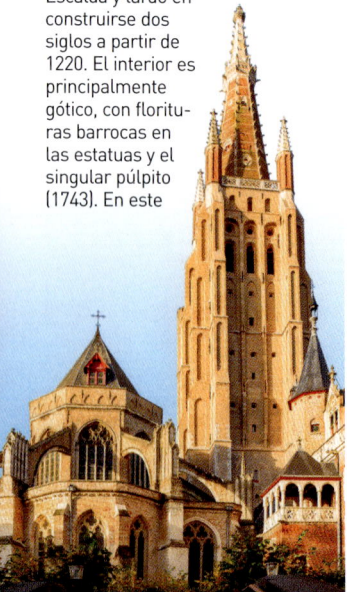

marco sorprende hallar uno de los mayores tesoros del norte de Europa, el cuadro *Virgen y Niño* (1504-1505) de Miguel Ángel –la estatua de mármol de Carrara llegó hasta aquí debido a los estrechos lazos entre Brujas y la Italia renacentista– y la única escultura del artista que salió de Italia durante su vida. El presbiterio incluye los hermosos sepulcros de ornamentado latón dorado de Carlos el Temerario (1433-1477), duque de Borgoña, y su hija María (1457-1482).

8 Arentshuis

PLANO K4 ■ Dijver 16 ■ 9.30-17.00 ma-do ■ Se cobra entrada

El Arentshuis, de estilo señorial y sobrio, data de finales del siglo XVIII y se distingue por su pórtico con columnas. Se encuentra en el extremo norte del Arentspark, un espacio adornado con estatuas y un puente de cien años de antigüedad. Con la Onze Lieve Vrouwekerk como telón de fondo, el puente es un lugar ideal para tomar fotografías.

Onze-Lieve-Vrouwekerk

BÉGUINAGES

Las comunidades de beguinas, propias de los Países Bajos, se fundaron en el siglo XIII como hospicios para mujeres que recurrieron a una vida de hermandad tras la muerte de sus maridos. A pesar de ser una institución piadosa, un *béguinage* o *begijnhof* no es un convento, puesto que las beguinas pueden abandonarlo para casarse. Todavía en la actualidad son casas de acogida.

9 Gruuthusemuseum

PLANO K4 ◼ **Dijver 17**
◼ **9.30-17.00 ma-do** ◼ **Se cobra entrada**

El museo permite al visitante hacerse una idea de cómo era la vida en Brujas en el pasado. Presenta una colección de objetos de uso cotidiano procedentes de los hogares de los mercaderes, desde cacharros de cocina a instrumentos de música, muebles, tejidos y armas. El edificio, del siglo XV, fue en otro tiempo el palacio de los señores de Gruuthuse, que amasaron su fortuna mediante el cobro de un impuesto sobre los condimentos *(gruut)* de la cerveza; como símbolo de su posición social, la casa tiene una galería desde la que se domina el coro de la vecina Onze-Lieve-Vrouwekerk. La casa se restauró en el siglo XIX para exponer las piezas con que se fundó la colección.

Gruuthusemuseum

10 Begijnhof

PLANO K5 ◼ **Wijngaardstraat**
◼ **Jardines: 6.30-18.30 todos los días; Begijnhuisje: 10.00-17.00 todos los días** ◼ **Se cobra entrada para la Begijnhuisje (jardines gratis)**

Este precioso complejo, sede de una congregación de beguinas *(ver recuadro)* desde 1245 hasta 1928, es la expresión de un rasgo esencial del alma de Brujas. Alrededor del parque arbolado se despliegan los encalados hogares de los siglos XVII y XVIII de las beguinas, que ahora ocupan monjas benedictinas. Los jardines, la iglesia y una de las casas permanecen abiertos al público.

UN DÍA EN BRUJAS

▶ MAÑANA

El paseo arranca en el **Burg** *(ver pp. 28-29)* y se pone rumbo al sur cruzando Blinde Ezelstraat. El paso se aminora junto a los canales de **Steenhouwerdijk** y **Groenerei** *(ver p. 91)* y se atraviesa Huidenvettersplein hasta el **Dijver** para disfrutar de una de las vistas más bonitas de la ciudad. A continuación se deja atrás la **Onze-Lieve-Vrouwekerk** y se continúa hasta **Mariastraat** y **Katelijnestraat**, donde es posible tomar un delicioso chocolate caliente en **De Proeverie** *(ver p. 97)*. Luego se toma Wijngaardstaat hasta la **Begijnhof**, para rodear el **Minnewater** *(ver p. 94)* y regresar por Katelijnestraat. No se deben olvidar los hospicios (los nos 87-101 y 79-83). Para comer, en la zona del **Vismarkt**; De Gouden Karpel *(ver p. 98)* es una buena opción.

TARDE

Por la tarde se recorre el corazón comercial medieval de la ciudad. Desde el **Markt** *(ver p. 91)* se sube por Vlamingstraat. En **Beursplein** había una serie de albergues para los comerciantes extranjeros, como la **Genoese Lodge** (n° 33). Una de los lugares de interés más inusuales de Brujas es Vlamingstraat. **Frietmuseum** *(ver p. 94)* está dedicado a las frites. Luego subir por Langerei para seguir el canal que conduce al **Damme** *(ver p. 69)*, donde se cargaban las mercancías de los barcos en barcazas del canal. Se regresa por Sint-Jakobstraat, y se puede descansar en **'t Brugs Beertje** *(ver p. 97)*, para probar sus cervezas.

Ver plano de p. 90

Y además...

① Sint-Salvatorskathedraal

PLANO K4 ■ Steenstraat ■ 10.00-13.00 y 14.00-17.00 lu-vi (hasta 15.30 sá), 11.00-12.00 y 14.00-17.00 do

Entre sus tesoros artísticos hay tapicerías del barroco tardío y vidrieras neogóticas.

② Sint-Walburgakerk

PLANO L3 ■ Sint-Maartensplein ■ 11.00-18.00 todos los días; cerrado ene-mar: ma-ju

Esta elegante iglesia jesuita, erigida entre 1619 y 1643, es una sinfonía barroca en mármol blanco y negro, con un fabuloso púlpito de madera.

③ Godshuis De Vos

PLANO K5

■ Noordstraat 2-8 ■ Cerrado al público

Los hospicios (godshuizen) de Brujas resultan fácilmente identificables por sus austeros muros encalados, inscritos con nombres y fechas. Este bonito ejemplo data de 1643.

Cerveza de Huisbrouwerij De Halve Maan

Cisnes en el lago Minnewater

④ Minnewater

PLANO K6

Romántico lago que debe su existencia a la esclusa del río Reie, un ajetreado puerto en el medievo.

⑤ Diamantmuseum

■ 050 34 20 56 ■ 11.00-17.00 vi-do; cerrado med-fin ene ■ Se cobra entrada ■ www.diamond museum.be

El lugar perfecto para conocer la historia de los diamantes. Hay un laboratorio donde los visitantes pueden descubrir las propiedades de un diamante.

⑥ Huisbrouwerij De Halve Maan

PLANO K5 ■ Walplein 26 ■ 050 44 42 22 ■ Visitas con guía: 11.00-16.15 todos los días (hasta 17.00 sá) ■ Se cobra entrada (hay que reservar por la web) ■ www.halvemaan.be

Esta cervecera muestra el proceso de elaboración de la cerveza desde 1856.

⑦ Frietmuseum

PLANO K3

■ Vlamingstraat 33 ■ 050 34 01 50 ■ 10.00-17.00 todos los días ■ Se cobra entrada ■ www.frietmuseum.be

Museo dedicado a las frites belgas.

⑧ Choco-Story

PLANO L3 ■ Wijnzakstraat 2 ■ 050 61 22 37 ■ 10.00-17.00 todos los días ■ Se cobra entrada ■ www.choco-story-brugge.be

Taberna del siglo XV transformada donde se enseña la historia y la producción del chocolate belga.

⑨ Historium

PLANO K4 ■ Markt 1 ■ 050 27 03 11 ■ 10.00-18.00 todos los días (hasta 11.00 algunos sá) ■ Se cobra entrada ■ www.historium.be

Experiencia multimedia en la que se evoca el auge de Brujas en el medioevo a través de un cuento.

⑩ Sint-Jakobskerk

PLANO K3 ■ Sint-Jakobsplein 1 ■ 13.00-17.00 todos los días

Es la parroquia más rica de Brujas y alberga pinturas y sepulcros notables.

▶ Ver plano de p. 90

Este de Brujas: Sint-Anna

1 Onze-Lieve-Vrouw ter Potterie
PLANO L1 ■ Potterierei 79
■ 9.30-12.30, 1.30-17.00 ma-do
■ Se cobra entrada

Este pequeño y encantador museo combina tesoros, curiosidades y una capilla barroca.

2 Duinenbrug
PLANO L2

Los canales de Brujas estaban vadeados por pequeños puentes levadizos que posibilitaban el paso de los barcos. Este es una reconstrucción de 1976.

3 Volkskundemuseum
PLANO L3 ■ Balstraat 43
■ 9.30-17.00 ma-do ■ Se cobra entrada

El Museo Popular de Brujas, que ocupa varios hospicios del este de la ciudad, ofrece una fascinante colección de piezas históricas.

4 Sint-Annakerk
PLANO L3 ■ Sint-Annaplein
■ 11.00-17.00 todos los días; cerrado ene-mar: ma-ju

Elegantemente redecorada después del saqueo de los iconoclastas, esta bonita iglesia, que domina una pequeña plaza, ofrece un interior sencillo avivado por florituras barrocas.

5 Gezellemuseum
PLANO M2 ■ Rolweg 64
■ 9.30-12.30 y 13.30-17.00 do

El rústico hogar de uno de los poetas más queridos en Bélgica, el padre Guido Gezelle (1830-1899).

6 Schuttersgilde Sint-Sebastiaan
PLANO M2 ■ Carmersstraat 174
■ 050 33 16 26 ■ Solo con cita previa
■ Se cobra entrada
■ www.sebastiannsgilde.be

Esta histórica casa gremial de los arqueros sigue funcionando como club de tiro al arco.

7 Jeruzalemkapel
PLANO L3 ■ Peperstraat 3
■ 050 33 88 83 ■ 10.00-17.00 lu-sá (abr-sep: hasta 18.00 sá) ■ Se cobra entrada
■ www.adornes.org

Una capilla privada del siglo XV inspirada en las peregrinaciones a Jerusalén. Junto a ella se encuentra el Kantcentrum (Centro de Encaje) con una tienda.

8 Molinos del Kruisvest
PLANO M2 ■ Sint-Janshuismolen: abr-sep: 9.30-12.30 y 13.30-17.00 vi-do ■ Se cobra entrada

Uno de los cuatro molinos de la ciudad, el Sint-Janshuismolen, está abierto al público.

9 Kantcentrum
PLANO L3 ■ Balstraat 16
■ 050 33 00 72 ■ abr-sep 10.00-17.00; lu-sá ■ Se cobra entrada
■ www.kantcentrum.eu

El Centro de Encajes explica la historia de los encajes en Brujas y ofrece demostraciones por las tardes (lu-sá).

10 Kruispoort
PLANO M3

Una de las cuatro puertas supervivientes de las murallas de la ciudad.

Kruispoort

Compras

1 Steenstraat y Zuidzandstraat
PLANO K4

La principal zona comercial une el Markt al 't Zand. Aquí se compra de todo, ropa, calzado, bombones...

Compradores en Steenstraat

2 Zilverpand
PLANO K4

Esta sucesión de galerías entre Zuidzandstraat y Noordzandstraat está ocupada principalmente por *boutiques*.

3 Sukerbuyc
PLANO K5 ■ Katelijnestraat 5
■ www.sukerbuyc.be

Hay tiendas de chocolate por toda Brujas, pero en este local los dulces de cacao son artesanos.

4 The Bottle Shop
PLANO K4 ■ Wollestraat 13

La cervecera de Brujas De Halve Maan *(ver p. 94)* produce dos cervezas Brugse Zot y Straffe Hendrik. Aquí se encuentran junto al resto de variedades belgas.

5 'tApostolientje
PLANO L3 ■ Balstraat 11
■ www.apostelientje.be

Todavía quedan algunas encajeras en la ciudad, aunque no las 10.000 que había en 1840. Un número de tiendas de encaje se encuentra en Breidelstraat.

6 2be
PLANO L4 ■ Wollestraat 53

Esta tienda, en un casa del siglo XV, vende cerveza, chocolate y galletas. La exposición de cervezas belgas es espectacular.

7 Huis Van Loocke
PLANO L4 ■ Ezelstraat 60
■ Cerrado do y lu mañana

Brujas atrae a numerosos artistas, cuyas creaciones se exponen en tiendas como esta que regenta la misma familia desde hace tres generaciones.

8 Antiques van Elsen
PLANO K4 ■ Philipstockstraat 13 ■ Cerrado miércoles por la tarde

Curiosidades y objetos de colección de Bélgica y de toda Europa.

9 Supermercados
PLANO M3 ■ Langestraat 55

Los grandes supermercados, como Louis Delhaize, están ubicados a las afueras, pero hay más pequeños, entre ellos Smatch, dentro de la ciudad.

10 Mercados
PLANO J4, K4, L4

Los mercados se celebran en el Markt (miércoles por la mañana) y en 't Zand (sábados por la mañana). Son muy populares los mercados navideños del Markt y de Simon Stevinplein, así como los mercadillos de Dijver y del Vismarkt.

Baratijas a la venta en un mercado

Cafés y bares

Interior de Duvelorium, dirigido por la cervecera belga Duvel

1 De Garre
PLANO K4 ▪ De Garre 1 (junto a Breidelstraat) ▪ 12.00-23.00 diario

Una vieja y conocida *staminee* (taberna), escondida en un callejón. Famosa por su cerveza fuerte al 11 %.

2 Café Vlissinghe
PLANO L3 ▪ Blekersstraat 2 ▪ Cerrado lu y ma

Fundada en 1515, se trata posiblemente de la taberna más antigua de Brujas; cuentan que en ella se reunía Van Dyck con los pintores locales.

3 De Proeverie
PLANO K5 ▪ Katelijnestraat 6 ▪ 10.00-17.00 ma-do

Este bonito café pertenece a la bombonería de enfrente. Su especialidad es el chocolate caliente.

4 Yesterday's World
PLANO K5 ▪ Wijngaardstraat 6 ▪ 0476 45 85 42

Espléndido *pub* y café poco convencional cerca de Begijnhof, lleno de antigüedades y cachivaches a la venta.

5 Bar Ran
PLANO K3 ▪ Kuipersstraat 4

Uno de los mejores bares de cócteles de la ciudad, con ambiente de barrio. Hay que probar el cóctel King Kong Milk Punch.

6 Duvelorium
PLANO K4 ▪ Markt 1 ▪ 05 033 53 94 ▪ 11.00-18.00 (hasta 23.00 algunos sá)

Parte de Historium *(ver p. 94)*, es un escaparate de la cerveza belga con una terraza elevada que da al Markt.

7 Joey's Café
PLANO K4 ▪ Zilversteeg 4 (junto a Zuidzandstraat) 16a ▪ 0484 63 05 83 ▪ Cerrado do

Un divertido café bar con servicio amable. Ofrece conciertos gratuitos ocasionales.

8 't Brugs Beertje
PLANO K4 ▪ Kemelstraat 5 ▪ 05 033 96 16 ▪ Cerrado mi

Una de las mejores cervecerías, donde se sirven unos 300 tipos de cerveza incluidas las locales Brugse Zot y Straffe Hendrik.

9 Le Trappiste
PLANO K3 ▪ Kuipersstraat 33 ▪ 17.00–24.00 lu, ma y ju (hasta 1.00 vi y sá)

Este bar de ambiente bajo las bóvedas de ladrillo de una bodega del siglo XIII ofrece una amplia selección de cervezas artesanas de barril.

10 De Republiek
PLANO K3 ▪ Sint-Jakobsstraat 36 ▪ 050 73 47 64

Bar donde el joven personal crea un animado ambiente. Buenos cócteles.

Ver plano de p. 90 ←

Restaurantes

① Zet' Joe
PLANO L3 ▪ Langestraat 11 ▪ 050 33 82 59 ▪ Cerrado do y lu ▪ €€€

Este restaurante regentado por el famoso chef Geert van Hecke sirve excelente cocina belga.

② Lobster Pot
PLANO K5 ▪ Langestraat 15 ▪ 050 66 03 59 ▪ Cerrado do mediodía y lu ▪ €€

Este restaurante familiar sirve langosta preparada de diversas maneras a la sombra de la catedral.

③ De Stove
PLANO K4 ▪ Kleine St-Amandsstraat 4 ▪ 050 33 78 35 ▪ Cerrado mi y ju ▪ €€€

Este pequeño aunque acogedor restaurante franco-belga sirve platos de pescado y carne.

④ Den Gouden Karpel
PLANO L4 ▪ Vismarkt 9 ▪ 050 33 34 94 ▪ Cerrado do y lu (abierto julago: do comida) ▪ €€€

Buen restaurante de pescado junto al Vismarkt (mercado de pescado), contiguo a una excelente *traiteur* (pescadería).

⑤ Patrick Devos
PLANO K4 ▪ Zilverstraat 41 ▪ 050 33 55 66 ▪ Cerrado mi cenas, sá mediodía, do ▪ €€€

Muy reconocido por el toque creativo de su cocinero.

Mesas fuera en De Stoepa

⑥ De Stoepa
PLANO K5 ▪ Oostmeers 124 ▪ 050 33 04 54 ▪ Cerrado lu ▪ €

Café de estilo mediterráneo donde se puede disfrutar de una comida de tapas, ensaladas y sopas. En verano hay terraza.

⑦ Assiette Blanche
PLANO L4 ▪ Philipstockstraat 23-5 ▪ 050 34 00 94 ▪ Cerrado mi y ju ▪ €€€

Menús de dos, tres o cuatro platos acompañados de cerveza.

⑧ Den Amand
PLANO K4 ▪ Sint-Amandsstraat 4 ▪ 050 34 01 22 ▪ Cerrado do y lu ▪ €€

Pequeño restaurante que sirve platos innovadores de inspiración internacional.

⑨ Den Heerd
PLANO L5 ▪ In Hotel Montanus, Nieuwe Gentweg 76 ▪ 050 35 44 00 ▪ Cerrado do, mi y festivos ▪ €€

Cocina francesa y belga. En verano se puede comer en la terraza del jardín.

⑩ Bistro de Schaar
PLANO M4 ▪ Hooistraat 2 ▪ 050 33 59 79 ▪ Cerrado mi y ju ▪ €€

Este restaurante junto al canal es famoso por sus carnes a la parrilla y sus postres caseros.

Patrick Devos de estilo *belle-époque*

Bares, *brasseries* y tabernas

PRECIOS
Una comida de tres platos con media botella de vino (o equivalente), servicio e impuestos incluidos.

€ menos de 40   €€ 40-60 €   €€€ más de 60 €

① Bistro de Pompe
PLANO K4 ▪ Kleine Sint-Amandsstraat 2 ▪ 050 69 26 86 ▪ Horario: 12.00-14.30 y 18.00-21.00 mi-do ▪ €€

Se sirven excelentes menús los fines de semana a la hora de comer.

El elegante Bistro Christophe

② Bistro Christophe
PLANO L5 ▪ Garenmarkt 34 ▪ 050 34 48 92 ▪ Cerrado lu comida, ju y vi ▪ €€€

Precioso y pequeño bistró, favorito de los parroquianos, donde sirven una perfecta comida franco-belga.

③ Locàle by Kok au Vin
PLANO K3 ▪ Ezelstraat 21 ▪ 050 33 95 21 ▪ Cerrado do-ma ▪ €€

Esta taberna sirve aperitivos belgas y fuentes para compartir en un ambiente relajado y hogareño.

④ Het Paradijs
PLANO L4 ▪ Kruitenbergstraat 11 ▪ 050 33 51 16 ▪ Cerrado cena, do, lu ▪ €

Este local sirve comida a buen precio. El menú cambia y cada día con platos nuevos. Además, contratan a desempleados como chefs para que aprendan un nuevo oficio. Preparan comida para llevar.

⑤ De Belegde Boterham
PLANO K4 ▪ Kleine Sint-Amandsstraat 5 ▪ 050 34 91 31 ▪ Cerrado do ▪ €

Boutique de comida especializada en sándwiches, además de sopas, ensaladas y pasteles.

⑥ Belgian Pigeon House
PLANO L3 ▪ Sint Jansplein 12 ▪ 050 66 16 90 ▪ Cerrado lu comida, ma, mi y ju ▪ €€

Taberna especializada en carnes a la parrilla, entre ellas la de pichón. Ubicada en la bodega con bóveda de ladrillo de una casa antigua con hastial escalonado.

⑦ De Plaats
PLANO L4 ▪ Wapenmakersstraat 5 ▪ 050 66 03 66 ▪ Horario: 11.30-14.00 lu-vi ▪ €

Este acogedor café vegetariano y vegano se encuentra en la antigua casa del pintor Jacob van Oost.

⑧ Blackbird
PLANO L3 ▪ Jan van Eyckplein 7 ▪ 050 34 74 44 ▪ Cerrado lu y ma ▪ €

Local elegante que destaca por las ensaladas recién hechas, los sándwiches de buen tamaño y el té. Preparan comida para llevar.

⑨ In't Nieuw Museum
PLANO M4 ▪ Hooistraat 42 ▪ 050 33 12 80 ▪ Cerrado mi y ju ▪ €€

Una vieja taberna donde la carne se prepara a la brasa (por la noche) en una chimenea del siglo XVII. Atmósfera tradicional y acogedora.

⑩ Bistro Bruut
PLANO L4 ▪ Meestraat 9 ▪ 050 69 55 09 ▪ Cerrado sá y do ▪ €€€

Restaurante junto a un canal. Ofrece platos flamencos originales y bien presentados, preparados con productos frescos. Imprescindible reservar.

Ver plano de p. 90 ←

🔟 Amberes

Exposición, Museo aan de Stroom

A orillas del ancho curso del Scheldt, en la puerta al mar del Norte, Amberes es una de las principales ciudades comerciales del norte de Europa. A comienzos del siglo XVII fue un importante centro cultural. Pero la ciudad también ha padecido en su historia: el golpe de las guerras de religión del siglo XVI, el aislamiento del mar del Norte por un tratado con los Países Bajos entre 1648 y 1795, y los bombardeos durante la Segunda Guerra Mundial. Estas vicisitudes han dotado a la ciudad de un carácter especial. Amberes es también muy conocida por sus diamantes.

AMBERES

1 **Imprescindible**
ver pp. 101-103

1 **Cafés y restaurantes**
ver p. 106

1 **Compras**
ver p. 105

1 **Y además...**
ver p. 104

1 **Bares y pubs**
ver p. 107

1 Catedral de Amberes

Esta gran catedral gótica, símbolo de la ciudad, alberga varias obras sobresalientes de Rubens *(ver pp. 32-33)*.

2 Grote Markt

PLANO T1 ▪ Stadhuis: solo visitas con guía, reservar con tres semanas (preguntar en la oficina de turismo, Grote Markt 1, para visitas guiadas en inglés, llamar al 03 205 56 05) ▪ Se cobra entrada

La plaza central de Amberes es uno de los más atractivos escenarios de Bélgica. Las autoridades encargaron al escultor Jef Lambeaux (1852-1908) que creara una fuente apartada del centro de la plaza y cuya agua se vertiera sobre

Grote Markt con su fuente en el centro

el adoquinado. La fuente representa a Brabo, un legendario soldado romano que liberó el puerto de Amberes tras derrotar al gigante Antigoon y lanzar su mano amputada *(hand-werpen)* al río. El Stadhuis (ayuntamiento) de influencia italiana domina la plaza. Erigido en la década de 1560, sus líneas horizontales pierden protagonismo bajo la curva que dibuja la cubierta en sus esquinas.

3 Rubenshuis

PLANO U2 ▪ Wapper 9-11 ▪ 03 201 15 55 ▪ www.rubenshuis.be

En esta magnífica casa del siglo XVII tuvo su estudio uno de los grandes maestros del arte europeo. Permanecerá cerrada debido a una profunda reforma desde 2023 hasta 2027.

Vista desde los jardines, Rubenshuis

4 Koninklijk Museum voor Schone Kunsten (KMSKA)

PLANO S3 ▪ Leopold de Waelplaats ▪ 03 224 95 50 ▪ www.kmska.be

El Museo de Bellas Artes de Amberes *(ver pp. 34-35)* es el segundo de Bruselas con su amplia gama de pinturas, desde los primitivos flamencos al simbolismo.

Park Spoor Noord

ORANJESTRAAT
VISÉSTRAAT
LANGE LOBROEKSTR.

OUDE STEENWEG
EVERAERTSSTRAAT
HALENSTRAAT

V. KERCKHOVENSTR.
STUIVENBERG-PLEIN
VELDSTRAAT

DIEPESTR.
LANGE SCHOLIERSSTR.
ONDERWIJSSTR.

DAMBRUGGE STRAAT
HANDELSSTRAAT
M Handel

M Elisabeth
ST-ELISABETHSTR.

'T ERDAMSTR.
DUINSTRAAT

LANGE BEELDEKENSSTR.
LANGE BEELDEKENSSTR.

OFFERANDSTR.
LANGE VAN BLOERSTR.

M Astrid
CONSTITUTIESTR.
KERKSTRAAT

MEENTESTR.

KONINGIN ASTRIDPLEIN
CARNOTSTRAAT
KERKSTR.

Diamant
OMMEGANCKSTR.
HELMSTRAAT

R Centraal Station
TURNHOUTSEBAAN

9 Zoo
GENERAAL EISENHOWERLEI

PLOEGSTR.
KETSSTRAAT
ZONSTRAAT

LANGE KIEVITSTRAAT
PROVINCIESTR.
OEDENKOVENSTR.

SOMERSSTR.
LANGSTRAAT

M Plantin
KRONENSTR.
MONTENSSTR.
STERLINGERSTR.
SCHOENSTRAAT

8
PLANTIN EN MORETUSLEI

BELGIËLEI
KOLWEGEN STRAAT

MERCATORSTRAAT
OOSTENSTRAAT
KLEINEBEERSTR.
DOLFIJNSTR.

LAMORINIÈRESTRAAT
9
GROTEHONDSTR.
DRAAK-PLAATS

8

EL RÍO SCHELDT

El Amberes antiguo descansa en la orilla este del río Scheldt (o Escalda). Su curso es tan ancho que el barrio moderno de la orilla oeste parece estar muy alejado. La profundidad del río permite que grandes embarcaciones puedan acceder a los muelles de Amberes y lo convierten en uno de los puertos más importantes de Europa.

Museum Vleeshuis

 Museum Vleeshuis
PLANO T1 ■
Vleeshouwersssstraat 38 ■ 03 292 61 01 ■ 10.00-17.00 ju-do ■ Se cobra entrada ■ www.museumvleeshuis.be
Con sus torres y torretas y su ornamentación gótica, la casa de la Carne se yergue como uno de los edificios más bellos de Amberes. Construido entre 1501 y 1504 como casa gremial de los carniceros y mercado de carne, el edificio ha sido reabierto como museo de música. El museo describe la historia de la ciudad a través de cualquier forma de expresión musical y mediante instrumentos históricos, como los clavicordios creados por la familia Ruckers.

Museum Plantin-Moretus
PLANO T2 ■ Vrijdagmarkt 22 ■ 03 221 14 50 ■ 10.00-17.00 ma-do; cerrado fest ■ Se cobra entrada (entrada gratis último mi del mes) ■ www.museumplantinmoretus.be
Christophe Plantin (c. 1520-1589) era un encuadernador francés que en 1546 llegó a Amberes para establecer su propia imprenta. Esta se convirtió en una de las más influyentes de Europa a finales del Renacimiento, y publicaba Biblias, mapas, tratados científicos y otras muchas obras. El museo es Patrimonio de la Humanidad por la Unesco y se compone principalmente del taller de imprenta y de la casa de Plantin y sus herede-

ros. Contiene una extensa colección de libros raros muy valiosos, y se exponen muchas de sus ilustraciones. Además, se explican los procesos de composición de fundición y de impresión tipográfica.

 Museum aan de Stroom (MAS)
PLANO T1 ■ Hanzestedenplaats 1 ■ 03 338 44 00 ■ 10.00-17.00 ma-do; cerrado festivos ■ Se cobra entrada (gratis último mi del mes) ■ www.mas.be
Es imposible perderse este museo construido de piedra arenisca roja y plexiglás. A través de su colección de tesoros etnogáficos y folclóricos, el MAS explora la riqueza de la historia, el arte y la cultura de Amberes, y la interacción de esta ciudad con el resto del mundo.

Museum Mayer van den Bergh
PLANO T2 ■ Lange Gasthuisstraat 19 ■ 03 338 81 88 ■ 10.00-17.00 ma-do ■ Se cobra entrada (entrada gratis último mi del mes) ■ www.museummayervandenbergh.be

Museum Mayer van den Bergh

Fritz Mayer van den Bergh (1858-1891) fue un ávido coleccionista de arte y curiosidades. Cuando murió, su madre creó un museo para exponer sus colecciones; entre ellas hay tapices, vidrieras, pinturas y monedas.

⑨ Snijders-Rockoxhuis

PLANO U1 ■ Keizerstraat 10-12 ■ 03 201 92 50 ■ 10.00-17.00 ma-do; cerrado algunos festivos ■ Se cobra entrada (gratis último ma del mes) ■ www.snijdersrockoxhuis.be

Esta casa muestra en su interior la gracia y elegancia del estilo de vida patricio del siglo XVII. El museo ocupa la casa del alcalde Nicholas Rockox (1560-1640), un filántropo y un amigo y mecenas de Rubens. Posee pinturas y dibujos de Rubens, así como del artista Frans Snijders (1579-1657), que vivía en la casa de al lado.

Detalle de vidriera, Sint-Jacobskerk

⑩ Sint-Jacobskerk

PLANO U2 ■ Lange Nieuwstraat 73-75 ■ 048 60 55 43 ■ 14.00-17.00 todos los días; cerrado algunos festivos ■ Se cobra entrada

De todas las iglesias de Amberes, la de San Jaime sobresale por su opulento interior y por albergar la tumba de Rubens. La iglesia fue construida en estilo gótico tardío durante los siglos XV y XVI por los arquitectos que también trabajaron en la catedral. En el interior se ubican obras de importantes escultores del siglo XVII, como Lucas Faydherbe y Hendrik Verbruggen, además de pinturas de Rubens, Jordaens y Van Dyck.

UN DÍA EN AMBERES

▶ MAÑANA

Este día de tranquilo deambular abarca muchos de los principales lugares de interés de Amberes, junto con algunas de las mejores calles comerciales. Comienza en el **Museum Vleeshuis** para dirigirse al casco antiguo –el **Grote Markt** *(ver p. 101)*– y la **catedral** *(ver pp. 32-33)*. A continuación se anda hasta Wijngaardstraat y el atractivo conjunto arquitectónico de la **Sint-Carolus Borromeuskerk** *(ver p. 104)* antes de ir hacia la **Snijders-Rockoxhuis** en Keizerstraat. Después se continúa hacia el sur por Katelijnevest hasta el **Meir**. La torre de la derecha, con KBC en la cumbre, es la **Boerentoren**, el edificio más alto de Europa cuando se construyó en 1932. Se baja por el Meir y pasada la **Rubenshuis** *(ver pp. 101)* se puede comer en el *art nouveau* **Grand Café Horta** *(ver p. 106)*.

TARDE

Tras una mañana cultural, se recorren ahora las calles comerciales del barrio *(ver p. 105)*. **Shuttershofstraat** es un buen comienzo. La calle conduce a Huidevettersstraat, la Nieuwe Gaanderij Arcade, Korte Gasthuisstraat y Lombardenvest. Si se desea visitar algún museo más, el **Museum Mayer van den Bergh** y el **Maagdenhuismuseum** *(ver p. 104)* quedan al sur. O se puede ir hacia Nationalestraat y la tienda de Dries van Noten, el precioso **Het Modepaleis** *(ver p. 105)*, para luego bajar a tomar algo en **Mooy** *(ver p. 106)* o en **Billie's Bier Kafétaria** *(ver p. 106)*.

Ver plano en pp. 100-101

Y además...

Exposición en Red Star Line Museum

① Red Star Line Museum
PLANO T1 ■ Montevideostraat
3 ■ 03 298 27 70 ■ 10.00-17.00
ma-do; cerrado festivos ■ Se cobra
entrada ■ www.redstarline.be

Entre 1873 y 1934, los transatlánticos
Red Star partieron de Amberes con
dirección a Estados Unidos, trasla-
dando a familias a una nueva vida.
Este museo explora sus viajes.

② Middelheim Museum
Middelheimlaan 61 ■ 03 288
33 60 ■ Abr y sep: 10.00-19.00 ma-do
(may-ago: hasta 20.00; oct-mar: hasta
17.00); cerrado festivos

Parque de esculturas de gran
calidad al aire libre, con decenas de
obras modernas y contemporáneas.

③ FotoMuseum Provincie Antwerpen (FoMU)
PLANO S3 ■ Waalsekaai 47 ■ 03 242
93 00 ■ 10.00-16.00 ma-do
■ Se cobra entrada
■ www.fomu.be

Este excelente museo de
fotografía en Amberes
siempre presenta
exposiciones temporales.

④ Sint-Pauluskerk
PLANO T1
■ Veemarkt 13 ■ 03 232 32 67
■ Abr-oct: 14.00-17.00 todos
los días (nov-mar: sá y do)

Gótico y barroco
compiten junto a obras
de Rubens y Van Dyck.

⑤ MHKA
PLANO S3 ■ Leuvenstraat 32
■ 03 260 99 99 ■ 11.00-18.00 ma-do;
cerrado festivos ■ Se cobra entrada
■ www.muhka.be

En un antiguo almacén se aloja hoy
el dinámico y vanguardista Museum
voor Hedendaagse Kunst de arte
contemporáneo.

⑥ Sint-Carolus Borromeuskerk
PLANO T1 ■ Hendrik Conscienceplein
12 ■ 03 231 37 51 ■ 10.00-12.30,
14.00-17.00 lu-sá; para servicios
religiosos do

Célebre por su fachada barroca y
por la trágica pérdida de 39 cuadros
de Rubens en un incendio en 1718.

⑦ De Koninck Brewery
Mechelsesteenweg 291
■ 03 866 96 90 ■ 9.00-19.00 diario
(última entrada 18.00) ■ Se cobra
entrada ■ www.dekoninck.be

Centro de visitantes en la más
famosa cervecería de Amberes.

⑧ Cogels-Osylei
A finales del siglo XIX esta
calle se convirtió en un escaparate
para opulentas obras arquitectóni-
cas, algunas extraordinarias.

⑨ Maagdenhuismuseum
PLANO U3 ■ Lange
Gasthuisstraat 33 ■ 03 435 99 10 ■
10.00-13.00 y 14.00-17.00 ma-do;
cerrado festivos ■ Se cobra entrada

Museo singular con obras de
maestros antiguos, situado
en un viejo orfanato.

⑩ ModeMuseum MoMu
PLANO T2 ■ Nationalestraat
28 ■ 03 470 27 70 ■ 10.00-
16.00 ma-do ■ Se cobra entrada
■ www.momu.be

**Cuenco de avena,
Maagdenhuismuseum**

Un nuevo museo
dedicado a la alta
costura en su contexto
social, político y cultural.

Compras

1 Nieuwe Gaanderij Arcade
PLANO T2 ◾ entre
Huidevettersstraat y Korte Gasthuisstraat
Un buen lugar donde adquirir ropa
de moda a precios algo más
económicos que en las *boutiques* de
diseñadores.

Meir, lleno de compradores

2 Meir
PLANO U2
La principal calle comercial es una
amplia avenida peatonal recorrida
por grandes cadenas comerciales.

3 Grand Bazar Shopping Center
PLANO T2 ◾ **Beddenstraat 2**
Una galería moderna que comparte
espacio con el hotel Hilton en el
corazón de unos antiguos almacenes.

4 Nationalestraat
PLANO T2
El corazón del barrio de alta
costura de Amberes cuenta con
boutiques de diseñadores conocidos
mundialmente, pero sigue siendo
accesible para todos.

5 Schuttershofstraat
PLANO U2
Otra calle de *boutiques* y zapaterías,
entre las que se cuenta un local
del diseñador belga de accesorios
Delvaux. Se puede oler el cuero.

6 Het Modepaleis
PLANO T2 ◾ **Nationalestraat 16**
Este elegante edificio *belle époque* en
forma de plancha es la tienda de uno
de los diseñadores de moda más
valorados de Bélgica, Dries van Noten.

7 Louis
PLANO T2 ◾ **Lombardenstraat 2**
Louis abrió originalmente para
vender prendas de los famosos Seis
de Amberes y de otros diseñadores.
En la actualidad promociona también
las creaciones de final de carrera de
los estudiantes de moda.

8 Ann Demeulemeester
PLANO S3 ◾ **Leopold de
Waelplaats/Verlatstraat**
Muy próxima al museo de arte
contemporáneo MHKA, la tienda de
Demeulemeester exhibe el estilo
riguroso que la han situado a la
cabeza de las pasarelas.

9 Grand Diamonds
PLANO V2 ◾ **Vestingstraat 69**
Diamantes especiales a precios más
económicos que en otros lugares de
Europa. Mientras compra ese anillo
tan especial puede aprender sobre
diamantes.

Tienda de diamantes en Pelikaanstraat

10 Pelikaanstraat
PLANO V2
Esta calle del llamado barrio de los
diamantes está repleta de joyerías.
Una experiencia fascinante, sobre todo
porque aquí se muestran las gemas
como cualquier mercancía normal.

Ver mapa de pp. 100-101

Cafés y restaurantes

① Huis de Colvenier
PLANO T2 ▪ Sint-Antoniusstraat 8
▪ 0477 23 26 50 ▪ €€€

Este es uno de los restaurantes más conocidos de Amberes, por lo que se debe reservar con antelación.

② De Peerdestal
PLANO T1 ▪ Wijngaardstraat 8
▪ 03 231 95 03 ▪ €€€

Este restaurante situado en un establo medieval es conocido por sus platos de pescado y langosta.

③ Billie's Bier Kafétaria
PLANO T2 ▪ Kammenstraat 12
▪ 03 226 31 83 ▪ 16.00-24.00 lu-ju, 14.00-24.00 do (hasta 1.00 sá); cerrado ma

Un *pub* tradicional que sirve copiosos platos regionales, regados con una selección de 180 cervezas artesanales.

④ RAS
PLANO S2 ▪ Ernest van Dijckkaai 37 ▪ 03 234 12 75 ▪ €€€

Un emblemático edificio sobre el río Scheldt, que alberga una elegante *brasserie* de primera categoría.

⑤ Grand Café Horta
PLANO U2 ▪ Hopland 2
▪ 03 203 56 60 ▪ €€

Espacio singular creado a partir de piezas de metal rescatadas de la Volkshuis, casa *art nouveau* de Victor Horta que fue demolida en Bruselas en 1965.

Interior rosado y con rosas del Mooy

⑥ Mooy
PLANO T2 ▪ Lombardenvest 19
▪ 03 422 65 29 ▪ Cerrado cena y do

Este peculiar cafe sirve platos aptos para veganos, vinos orgánicos y pasteles caseros irresistibles.

⑦ Günther Watté
PLANO T2 ▪ Steenhouwersvest 30 ▪ 03 293 58 94 ▪ Cerrado lu ▪ €

Es el café predilecto de entendidos del café y el chocolate donde destacan sus famosos pralinés hechos en la casa.

⑧ Pannenkoekenhuis De Famille Suykerbuyck
PLANO T2 ▪ Reyndersstraat 18
▪ 03 866 31 61 ▪ Cerrado lu y ma ▪ €

Dulces y deliciosas tortitas en un gran convento del siglo XVII, con un agradable jardín. También hay chocolate caliente.

⑨ Dôme Sur Mer
Arendstraat 1 ▪ 03 281 74 33
▪ Cerrado sá comida ▪ €€

Sus grandes ventanales y barra de mármol le confieren un toque magnífico a este popular restaurante.

⑩ Brasserie Appelmans
PLANO T2 ▪ Papenstraatje 1
▪ 03 226 20 22 ▪ Cerrado lu y ma ▪ €€

Imaginativos platos belgas e internacionales servidos en un edificio del siglo XIX muy bien renovado. Tiene un "Absinthbar".

Interior del Grand Café Horta

Bares y *pubs*

1 Appleman's Absinthbar
Este bar, parte de la Brasserie Appelmans *(ver p. 106)*, se encuentra entre los más famosos bares de ajenjo y cócteles de Bélgica.

2 IKON
Kotterstraat 1 ▪ 03 295 54 65
Para llegar a esta discoteca se recomienda tomar un taxi.

3 Café Local
PLANO S3 ▪ Waalsekaai 25 ▪ 446 01 35
Un selecto centro para fiestas con zonas temáticas de estilo latinoamericano, ubicado en un almacén del siglo XIX.

Interior del Het Elfde Gebod

4 Het Elfde Gebod
PLANO T1 ▪ Torfbrug 10 ▪ 03 288 57 33
Bar peculiar, lleno de iconos religiosos llamativos. Buen sitio para disfrutar de una exquisita cocina belga y diferentes cervezas.

5 Copa Cava
PLANO T2 ▪ Vlasmarkt 32 ▪ 0494 60 89 36 ▪ Cerrado lu y ma
Esta agradable bodega de estilo español sirve cava a un precio razonable.

6 Den Engel
PLANO T1 ▪ Grote Markt 3 ▪ 03 233 12 52
Clásico *pub* belga con vistas al Grote Markt. Es famosa su *bolleke* (copa en forma de cáliz) de De Koninck, la cerveza típica de Amberes.

Den Engel en Grote Markt

7 De Muze
PLANO T2 ▪ Melkmarkt 15 ▪ 03 226 01 26
Simpático *pub* con jazz en vivo casi todas las noches y hasta las 2.00 o 3.00. Las vigas vistas y paredes de ladrillo crean un ambiente íntimo.

8 Ampere
PLANO V3 ▪ Simonsstraat 12 ▪ 03 232 09 23 ▪ Cerrado do-ju
Esta popular discoteca tecno, ubicada bajo las líneas del tren y cerca de la estación, es muy frecuentada por los jóvenes.

9 Café Hopper
PLANO S3 ▪ Leopold de Waelstraat 2 ▪ 03 248 49 33
Bar de jazz. Destaca su *demi-demi* (mitad cava y mitad vino blanco).

10 Cocktails at Nine
PLANO T2 ▪ Lijnwaadmarkt 9 ▪ 03 344 79 54 ▪ Cerrado ma y mi
Lugar elegante con vigas de madera y suelos de piedra. Se puede consumir en los dos patios, en verano, o junto a la chimenea, en invierno.

Ver plano de pp. 100-101 →

TOP 10 Gante

Gante y Brujas tienen mucho en común. Gante posee un rico legado de edificios medievales y tesoros artísticos heredados del tiempo en el que fue un próspero centro de comercio semi autónomo. En las tranquilas aguas de sus canales se reflejan los gabletes escalonados de sus casas gremiales y las prominentes agujas de sus tres famosas torres. A diferencia de Brujas, sin embargo, la próspera Gante recobró la vida como la primera ciudad industrial de Bélgica a comienzos del siglo XIX. Además, es la sede de una reconocida universidad. El tamaño, su actividad económica y el impulso juvenil son los responsables de su carácter. Gante posee una magnificencia que simbolizan su catedral y sus teatros, pero también posee rincones y un entramado medieval —zona peatonal muy extensa— que la convierten en una ciudad idónea para pasear.

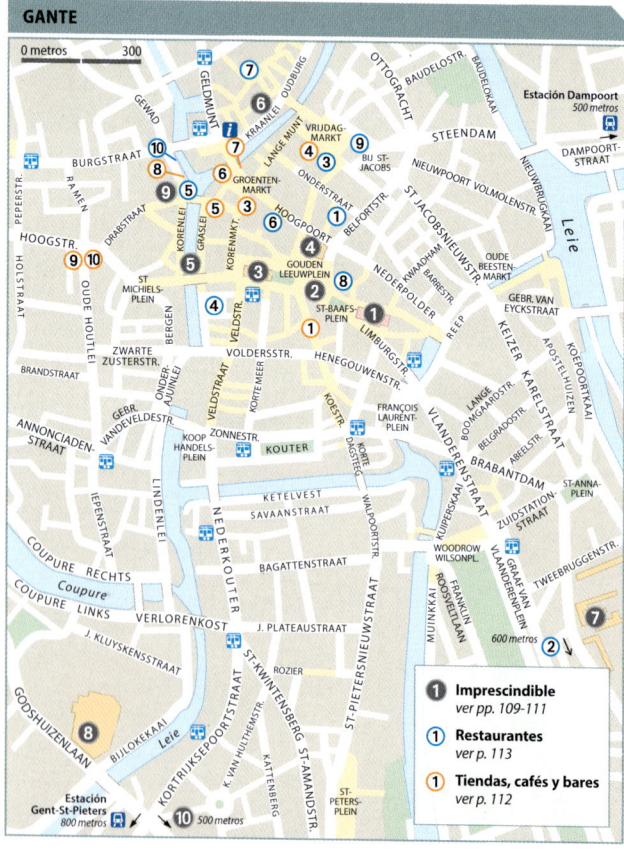

GANTE

1 Imprescindible
ver pp. 109-111

1 Restaurantes
ver p. 113

1 Tiendas, cafés y bares
ver p. 112

El deslumbrante altar de Sint-Baafskathedraal

1 Sint-Baafskathedraal
PLANO Q2 ▪ Sint-Baafsplein
▪ 09 397 15 00 ▪ 8.30-17.30 lu-sá, 13.00-
17,30 do; Retablo de Gante: 10.00-17.00
lu-sá, 13.00-17.00 do (solo abierto a no
devotos desde 13.00 do)
▪ Se cobra entrada (solo para
El cordero místico)

San Bavón fue un santo local
del siglo VII. La catedral
consagrada en su honor
data del siglo X, pero el
edificio es en su mayoría
de estilo gótico, habiéndose
construido a lo largo de tres
siglos a partir de 1290. La
piedra oscura de Tournai
ensombrece un interior que
solo gana vida con el magnífico púlpito
barroco y rococó (1741-1745). El mayor
tesoro, no obstante, es el retablo, un
políptico del siglo XV, *La adoración del
cordero místico,* obra de Hubrecht y
Jan van Eyck *(ver pp. 36-37).*

2 Belfort
PLANO Q2 ▪ Sint-Baafsplein
▪ 09 233 39 54 ▪ 10.00-18.00 todos
los días (última entrada a las 17.30)
▪ Se cobra entrada

El campanario de Gante destaca en el
paisaje urbano con 91 m de altura
rematados por un dragón dorado en
lo alto de la aguja. Se construyó entre
1313 y 1381 y se utilizó durante siglos
como torre vigía y reloj. Alberga un
carillón de 54 campanas. Hay un
ascensor que sube hasta lo alto.

3 Sint-Niklaaskerk
PLANO Q2 ▪ Cataloniëstraat
▪ 09 234 28 69 ▪ 10.00-
16.00 todos los días

San Nicolás, obispo de
Myra, era el patrono de
los mercaderes, de ahí
que esta fuera la iglesia
de este sector social. Erigida entre los siglos XIII
y XV con la piedra azul-
gris de Tournai, se trata
del mejor ejemplo del
austero estilo gótico de
Escalda (recibe este
nombre por el río) que
surge en Bélgica.

4 Stadhuis
PLANO Q2
▪ Botermarkt 1 ▪ Reservar la visita por
anticipado en la oficina de turismo
▪ Se cobra entrada

El ayuntamiento se encuentra en
la principal plaza de la ciudad.
Alberga una serie de salones,
algunos de los cuales datan
del siglo XV y otros redeco-
rados durante la restauración posterior a 1870.

Detalle del muro, Stadhuis

5 Graslei y Korenlei
PLANO P2

El Graslei y el Korenlei son
los muelles desde donde parten las
travesías turísticas por los canales.
Los dos están recorridos por edificios
de gabletes escalonados que fueron
casas gremiales en el siglo XII.
Sint-Michielsbrug, el puente del
extremo sur, ofrece las mejores
vistas de la ciudad.

El muelle, Graslei

Exposición en el Huis van Alijn

⑥ Huis van Alijn

PLANO Q1 ■ Kraanlei 65 ■ 09 235 38 00 ■ 9.00-17.00 lu, ma, ju y vi, 10.00-18.00 sá y do; jul y ago: 10.00-18.00 ■ Se cobra entrada

Al norte del centro de Gante se sitúa el curioso barrio de Patershol, un laberinto de callejuelas y rincones medievales que sirve de marco a uno de los mejores museos folclóricos de Bélgica *(ver p. 54)*. La fascinante colección de objetos del pasado reciente y lejano –juguetes, cubiertas de discos, zapatos y porcelana– está dispuesta en el interior de varios hospicios en torno a un patio. Los hospicios se fundaron en 1363 como hospital infantil no por un acto de filantropía, sino como castigo por el asesinato de dos miembros de la familia Alijn.

⑦ Klein Begijnhof

PLANO R4 ■ Lange Violettestraat 235 ■ 6.30-22.00 todos los días

En Gante hay tres *béguinages (ver p. 92)*, pero este es el más bello. Por las casas de ladrillo encaladas de gabletes escalonados dispuestas alrededor de un pequeño parque y la iglesia barroca ha sido designado Patrimonio Histórico de la Humanidad por la Unesco. Se fundó como comunidad de mujeres solteras hacia 1235, y ha estado ocupado sin interrupción, aunque las residentes ya no son beguinas. Casi todas las casas actuales son del siglo XVII.

⑧ STAM

PLANO P4 ■ Godshuizenlaan 2 ■ 09 267 14 00 ■ 9.00-17.00 lu-vi, 10.00-18.00 sá, do y festivos; cerrado mi ■ Se cobra entrada ■ www.stamgent.be

El Abdij de Bijloke, antigua abadía y hospital cistercienses, constituye un marco incomparable para el STAM, Museo de la Ciudad de Gante. Expone la historia de la ciudad desde la prehistoria hasta nuestros días. STAM incorpora una amplia gama de objetos del antiguo Museo Bijloke, incluidas tumbas medievales, insignias masonas y modelos de barcos de guerra. La abadía data de la Edad Media, pero la mayoría de los edificios son del siglo XVII.

GANTE Y CARLOS V

Carlos V (1500-1558), Sacro Emperador Romano, rey de España y señor de buena parte de Europa y de América, nació en Gante y fue bautizado en Sint-Baafskathedraal con grandes festejos y honores. Pero el idilio de la ciudad con su célebre hijo se agrió cuando Gante se vio ahogada por los impuestos. Una revuelta en 1540 y la ejecución de sus cabecillas dio lugar a que los habitantes de Gante recibieran el mote de *stroppendragers* (portasogas) –todo un símbolo de su espíritu rebelde y desafiante–.

Mapa antiguo de Gante, STAM

9 Design Museum Gent
PLANO P1 ▪ Jan Breydelstraat 5
▪ Cerrado por reforma ▪ Se cobra
entrada ▪ www.designmuseumgent.be

El museo, en el que se están realizan-
do obras de renovación, es de visita
obligada para los aficionados a las
artes decorativas como son los muebles y tejidos. Ubicado en una distin-
guida mansión del siglo XVIII con un
anexo moderno, el museo recorre los
diferentes estilos que han caracteriza-
do la decoración desde el siglo XVII
hasta el presente. La colección *art
nouveau* es particularmente notable, e
incluye obras de Horta, Paul Hankar y
René Lalique.

Exposiciones, Design Museum Gent

**10 Museum voor Schone
Kunsten (MSK) y SMAK**
PLANO Q6 ▪ Citadelpark ▪ MSK: 09
323 67 00; www.mskgent.be; SMAK:
09 240 76 01; www.smak.be ▪ 9.30-
17.30 ma-vi (hasta 22.00 1er ju de
mes), 10.00-18.00 sá, do y festivos,
también los festivos escolares; cerrado
lu ▪ Se cobra entrada

Los dos museos de arte más importantes de Gante están al sur del centro urbano. El Museum voor Schone
Kunsten (Museo de Bellas Artes) expone pintura y escultura desde la
Edad Media hasta comienzos del siglo
XX y cuenta con una ecléctica colección de artistas de la talla de El Bosco, Rogier van der Weyden y Hugo van
der Goes. Frente al MSK, y de carácter opuesto, se halla el Stedelijk Museum voor Acktuele Kunst (SMAK), la
galería de arte moderno de Gante,
que muestra su colección permanente de obras de Magritte y Marcel
Broodthaers, y regularmente exposiciones temporales.

UN DÍA EN GANTE

▶ **MAÑANA**

El **SMAK** y el **Museum voor Schone
Kunsten** constituyen una estimulante mezcla de arte estético y pura pro-
vocación. Conviene visitarlos a primera hora de la mañana (sin olvidar
que cierran el lunes). El tranvía 1
discurre desde el céntrico
Korenmarkt (Cornmarket) hasta
Charles de Kerchovelaan, desde
donde se puede atravesar o bordear
el Citadelpark para acceder a los
museos. La visita ocupa casi toda la
mañana, pero se puede parar para
tomar un refrigerio en el café del
SMAK. La comida es mejor hacerla
en el centro. El Korenmarkt está
situado a la misma distancia de dos
sugerentes y muy diferentes restaurantes: **Maison Elza** *(ver p. 113)* y el
medieval **Groot Vleeshuis** *(ver p. 112)*.

TARDE

Visitar la **Sint-Baafskathedraal**
para admirar *El cordero místico* *(ver
pp. 36-37)*. Desde aquí se puede
subir al **Belfort** *(ver p. 109)* y disfrutar
de la panorámica. De vuelta en
Korenmarkt, se entra en la **Sint-
Niklaaskerk** *(ver p. 109)*, para luego
dirigirse al **Graslei** y **Korenlei** *(ver
p. 109)* con el fin de admirar las vistas
y realizar una travesía por el canal.
Desde el Korenlei, se recorre a pie
Jan Breydelstraat y se toma
Rekelingestraat, la primera calle a
la derecha, para acceder
al **Gravensteen**. Se cruza el
Zuivelbrug y se sigue por
Meerseniersstraat hasta la plaza
Vrijdagmarkt (mercado del
Viernes) para tomar una cerveza
en **Dulle Griet** *(ver p. 112)* y unas
patatas con mayonesa en la cercana
Frituur Bij Sint-Jacobs *(ver p. 113)*.

Ver plano de p. 108

Tiendas, cafés y bares

**① Het Mekka
van de Kaas**
PLANO Q2 ■ Koestraat 9
En la peatonal Koestraat, una de
las mejores calles comerciales
de Gante, se encuentra esta
quesería especializada, paraíso
para los amantes del queso.

② Mercados
www.visitgent.be/en/markets
Cada día hay un mercado en Gante
(seis los domingos): una visita
guiada un domingo le puede llevar
a todos.

**③ Tierenteyn-
Verlent**
PLANO Q1 ■ Groentenmarkt 3
■ Cerrado do
Esta *delicatessen*, que funciona
desde 1790, es famosa por su
mostaza casera servida de los
barriles de madera.

Hierbas y especias, Tierenteyn-Verlent

④ Dulle Griet
PLANO Q1 ■ Vrijdagmarkt 50
Uno de los célebres templos de la
cerveza de Bélgica con 500 cervezas
diferentes. Destaca la cesta en la que
hay que depositar un zapato como
prenda cuando se bebe Max ya que se
sirve en un vaso muy codiciado.

⑤ Het Spijker
PLANO P2 ■ Pensmarkt 3-5
Bar iluminado por velas en un sótano
de una leprosería del siglo XIII con
una amplia y conocida terraza.

Carnicería medieval, Groot Vleeshuis

⑥ Groot Vleeshuis
PLANO Q1 ■ Groentenmarkt 7
■ 09 223 23 24 ■ Cerrado lu ■ €
Este establecimiento, restaurante y
tienda de comida flamenca está
magníficamente ubicado en una
carnicería medieval.

⑦ 't Dreupelkot
PLANO Q1 ■ Groentenmarkt 12
■ 09 224 21 20
Un popular bar junto al canal donde
solo sirven *jenever*, un tipo de
ginebra, que puede aderezarse con
fruta, vainilla e incluso chocolate.

⑧ Brooderie Jaffa
PLANO P1 ■ Jan Breydelstraat 8
■ 0485 30 75 87 ■ Cerrado lu y ma ■ €
El aroma a pan recién hecho llena este
rústico local donde sirven bocadillos y
tentempiés.

⑨ Hotsy Totsy
PLANO P2 ■ Hoogstraat 1
■ 09 224 20 12 ■ €
La evocadora decoración de los
años 30 y las veladas de jazz, poesía
y cabaré hacen que valga la pena
conocer este bar legendario de Gante.

⑩ Café Labath
PLANO P2 ■ Oude Houtlei 1 ■ €
Conocida cafetería donde sirven
excelente café y chocolate caliente,
deliciosos desayunos, sopas y
sándwiches. Servicio amable.

Restaurantes

PRECIOS

Una comida de tres platos con media botella de vino (o equivalente), servicio e impuestos incluidos.

€ menos de 40 € ■ €€ 40-60 € ■ €€€ más de 60 €

1 De Rave
PLANO Q2 ■ Schepenhuisstraat 2 ■ 09 225 96 60 ■ Cerrado ma-mi ■ €€

Este restaurante, que se encuentra en un elegante edificio del siglo XVII cerca de Stadhuis, ofrece cocina franco-belga con un toque moderno.

2 Bar Bask
PLANO R4 ■ Edward Pynaertkaai 115 ■ 09 311 69 74 ■ Cerrado comida, sá y do

Restaurante de inpiración vasca que sirve tapas y pinchos. Cada plato es una obra de arte. Imprescindible reservar.

3 Keizershof
PLANO Q1 ■ Vrijdagmarkt 47 ■ 09 223 44 46 ■ Cerrado do, lu y medidodía ■ €€

Animada *brasserie* de varias plantas con una buena carta de platos principalmente belgas.

4 Brasserie Pakhuis
PLANO P2 ■ Schuurkenstraat 4 ■ 09 223 55 55 ■ Cerrado do ■ €€

Dirigido por el diseñador portugués Antoine Pinto, Pakhuis es grande y muy popular. Es conveniente reservar.

5 Korenlei Twee
PLANO P2 ■ Korenlei 2 ■ 09 224 00 73 ■ Cerrado do y lu ■ €€€

Situado en una casa del siglo XVIII, sirve comidas elaboradas con ingredientes de las pescaderías y carnicerías locales. Bien considerado. Excelentes vinos.

6 Mosquito Coast
PLANO Q2 ■ Hoogpoort 28 ■ 09 224 37 20 ■ €

Cafetería adornada con recuerdos de todo el mundo. Ofrece cocina del mundo con buenas opciones vegetarianas, estanterías con guías de viaje y dos soleadas terrazas.

7 Karel de Stoute
PLANO Q1 ■ Vrouwebroersstraat 2 ■ 09 224 17 35 ■ Cerrado sá medidodía, do, lu ■ €€€

Debe su nombre a Carlos el Temeraro, duque de Borgoña, y es un muy respetado restaurante para *gourmets* en el barrio de Patershol. Menús del día solo, en los que destacan los chefs.

8 Brasserie De Foyer
PLANO Q2 ■ Sint-Baafsplein 17 ■ 09 234 13 54 ■ Cerrado lu, ma ■ €€

Esta *brasserie* está magníficamente ubicada en la primera planta del majestuoso teatro del siglo XIX, Koninklijke Nederlandse Schouwburg, y tiene un balcón que da a Sint-Baafskathedraal.

9 Frituur Bij Sint-Jacobs
PLANO Q1 ■ Vrijdagmarkt

Un viejo puesto popular que vende exquisitas patatas fritas (fritas dos veces) junto con todas las guarniciones; hasta bien entrada la noche.

10 Maison Elza
PLANO P1 ■ Jan Breydelstraat 36 ■ 09 225 21 28 ■ Cerrado ma, mi ■ €€€

Cocina belga de primera categoría en un local que mira al canal.

Interior industrial de la Brasserie Pakhuis

Ver plano de p. 108

Datos útiles

Galeries Royales Saint-Hubert, Bruselas

Cómo llegar y moverse

Llegada en avión

La mayoría de los vuelos internacionales llegan al aeropuerto de Bruselas, situado en Zaventem, 14 km al noreste de Bruselas. **Ryanair** vuela a Charleroi (sur de Bruselas), que está a 60 km al sur de la ciudad, así como de Zaventem.

Desde el **aeropuerto de Bruselas,** hay un servicio de taxi hacia la ciudad, pero la forma más fácil y económica de llegar al centro de Bruselas es en tren, con cerca de tres viajes cada hora. Los billetes se venden en el complejo del aeropuerto o se pueden comprar en línea; el trayecto hasta la Estación Central dura 20 minutos. Hay enlaces propios desde Bruselas a Brujas, Amberes y Gante.

Un servicio de autobús llamado Airport Line, dirigido por STIB/MIVB, conecta el aeropuerto con el barrio europeo de Bruselas. Desde el **aeropuerto Charleroi,** hay autobuses de enlace a Bruselas y un servicio regular de autobús directo a Brujas y Gante; también puede tomar el autobús en la estación de trenes de Charleroi-Sud, luego el tren a Bruselas, Brujas, Amberes o Gante.

El **aeropuerto de Amberes** también opera vuelos internacionales con conexiones a los principales destinos europeos.

Llegada en tren

El eje central de la red de trenes de Bélgica es Bruselas, que tiene tres estaciones principales: la Gare du Midi (o Zuidstation), la Gare Centrale (Centraal Station) y la Gare du Nord (Noordstation). Los trenes **Eurostar** (así como el TGV internacional y los trenes **Thalys**) llegan a la Gare du Midi.

Se puede viajar desde España a Bruselas en tren **Renfe.** Desde Madrid el trayecto dura unas 19 horas y hay que realizar dos transbordos. Desde Barcelona el trayecto dura 16 horas y hay que realizar un transbordo. No hay trenes directos.

La red Thalys conecta Bruselas con París (que está a 1 hora y 25 minutos), Ámsterdam (a unas dos horas) y Colonia (menos de tres horas).

Desde Bruselas hay buena conexión local por tren con Brujas, Gante y Amberes.

Llegada en autobús

Se puede viajar en autobús desde Madrid o Barcelona a Bruselas con compañías como **Alsa, Eurolines** o **FlixBus.** Desde Madrid el trayecto dura unas 20 horas y desde Barcelona unas 18 horas.

Llegada en coche

Para llevar el coche a Bélgica, debe tener el carnet de conducir validado por la UE o un carnet de conducir internacional, además del seguro y los documentos del coche. También debe llevar el triángulo de advertencia, el botiquín de primeros auxilios y el chaleco reflectante de seguridad.

Las autopistas en Bélgica no son de peaje y la mayoría se encuentran en buen estado. Casi todas están muy bien iluminadas por la noche.

Distancias entre ciudades

Bélgica es un país pequeño y sus cuatro ciudades más importantes están al norte del país. Bruselas es la que está más al sur; Amberes se encuentra a 55 km al norte de Bruselas; Gante está al oeste y a unos 50 km de Bruselas y Amberes; Brujas se encuentra a más de 40 km al noroeste de Gante.

Trenes interurbanos

El **servicio nacional de trenes belga** –Société Nationale Chemins de Fer Belges (SNCB), en francés, y Nationale Maatschappij der Belgische Spoorwegen (NMBS), en neerlandés– proporciona un medio rápido y económico de viajar entre las cuatro ciudades.

Los precios de los billetes estándar de

segunda clase se calculan según la distancia, por lo que los de ida y vuelta no resultan más económicos y generalmente solo son válidos hasta las 24.00. Los niños menores de 6 años no pagan, se permite un máximo de 4 niños por adulto; entre 6 y 11 años tienen un descuento del 50 %. Existen tarifas especiales para menores de 26 años y jubilados.

Hay diversos bonos de tren para viajes más largos, entre ellos el Rail Pass, que permite diez viajes dentro de Bélgica a lo largo de un año. SNBC pertenece a la red Interrail de trenes europeos y los viajeros pueden usar el Pass en Bélgica y en otros países miembros.

Alquiler de coches

Las principales compañías de alquiler de coches operan en Bélgica y normalmente tienen oficinas en los aeropuertos. Conseguirá mejores precios si reserva un coche de alquiler en su país de origen, al mismo tiempo que el vuelo. Para alquilar un coche hay que tener más de 21 años y contar con un año de experiencia en conducción, además de poseer una tarjeta de crédito. Tenga en cuenta que las ciudades son compactas; y no necesita tener un coche para visitarlas, a menos que desee visitar las afueras de la ciudad.

Normas de circulación

Los belgas conducen por el lado derecho de la carretera. El límite de velocidad en zonas urbanas es de 30 km/h. La velocidad límite es de 120 km/h en las autopistas y carreteras de dos calzadas, y de 90 km/h en las demás. Estos límites se reducen a 20 km/h en algunas áreas residenciales y cerca de los colegios. Hay autopistas que enlazan todas las ciudades; son rápidas, razonablemente bien cuidadas y gratuitas.

Conviene gestionar una cobertura por averías antes de partir. Esto se puede hacer mediante cualquiera de las aseguradoras o clubes automovilísticos de España. Los servicios de asistencia en caso de avería en Bélgica están en manos de sus dos principales empresas automovilísticas: **Touring** y **VAB.**

Hay aparcamiento de sobra tanto en el interior como alrededor de las ciudades; el mejor plan es dirigirse a cualquiera de los principales aparcamientos públicos, que están bien señalizados. El tráfico en los centros de las ciudades, especialmente en Brujas y Gante, puede ser complicado, por eso se anima a los visitantes a que usen los aparcamientos de las afueras y caminen o tomen el autobús del aparcamiento. Si va a quedarse una noche, compruebe con anterioridad si su hotel tiene

aparcamiento privado, puede ser algo más caro, pero es una ventaja.

Transporte público

Los principales sistemas de transporte en las ciudades son el autobús y el tranvía. Bruselas también tiene Metro. Amberes y Bruselas cuentan con un sistema de tranvía bajo tierra llamado

INFORMACIÓN

LLEGADA EN AVIÓN

Aeropuerto de Amberes
ⓦ antwerp-airport.com

Aeropuerto de Bruselas
ⓦ brusselsairport.be

Aeropuerto de Charleroi (Sur de Bruselas)
ⓦ brussels-charleroiairport.com

Ryanair
ⓦ ryanair.com

LLEGADA EN TREN

Eurostar
ⓦ eurostar.com

Renfe
ⓦ renfe.com

Thalys
ⓦ thalys.com

LLEGADA EN AUTOBÚS

Alsa
ⓦ alsa.es

Eurolines
ⓦ eurolines.com

Flixbus
ⓦ flixbus.es

TRENES INTERURBANOS

Servicio nacional de trenes belga
ⓦ belgianrail.be

Pre-Metro. El transporte público en Bruselas es operado por **STIB** (o **MIVB** en neerlandés); en otras ciudades el operador es **De Lijn**.

Billetes

Los billetes de transporte público sirven para autobuses, tranvías y metro. El billete sencillo, para un día o las tarjetas básicas recargables y multiviajes **MOBIB** pueden comprarse en las taquillas o en las estaciones.

Los niños menores de seis años con un adulto pueden viajar gratis (hasta cuatro niños por adulto). Al inicio del trayecto valide el billete o la tarjeta (en la máquina naranja o en el panel rojo pasando la tarjeta) al subir al autobús o al tranvía, o al entrar en la estación de metro; será válido para un viaje sencillo de hasta una hora incluyendo los cambios que necesite hacer.

Autobuses

En las paradas de autobús hay que señalar a los conductores que se quiere subir. Del mismo modo, hay que utilizar el botón de aviso para indicar que el pasajero desea apearse en la siguiente parada.

Además de los autobuses públicos, Brujas y Bruselas tienen recorridos turísticos en autobús con comentarios grabados; se puede subir y bajar en las paradas señalizadas y el billete es válido durante 24 horas.

Tranvías

Además de autobuses, Bruselas, Gante y Amberes tienen tranvías. Como circulan en su propio carril que generalmente (aunque no siempre) no tiene tráfico, cuentan con la ventaja de poder seguir el horario publicado y moverse con rapidez por las calles de la ciudad, incluso en hora punta. Los mapas de la red y los despachos de billetes hacen que planificar el viaje sea bastante fácil. Como para los autobuses, en las paradas hay que solicitar que paren; del mismo modo, hay que presionar el botón para apearse.

Metro

El metro de Bruselas es un transporte rápido por el centro de la ciudad y hacia las afueras, en todas direcciones. Las estaciones están señalizadas con una M azul sobre fondo blanco. Funciona desde las 6.00 hasta las 24.00 (el horario es más corto los fines de semana o festivos).

El funcionamiento del Pre-Metro de Bruselas y Amberes, donde la red de tranvías discurre por extensos túneles subterráneos en el centro de la ciudad, se parece mucho al sistema normal del metro.

Taxis

Hay taxis en las paradas (generalmente en lugares estratégicos, como fuera de las estaciones o cerca de la plaza principal) o se les puede llamar por teléfono. Todos los taxis llevan un indicador en el techo que se enciende cuando el vehículo está vacío. En Bruselas se les puede parar ocasionalmente en la calle, pero no es lo habitual en las otras ciudades. Cuestan bastante más que el resto del transporte público. Los taxistas no tienen necesariamente un buen conocimiento de la ciudad, por lo que ayuda que el pasajero vaya bien provisto de información sobre su destino. El precio de la carrera incluye siempre el servicio, aunque lo normal es redondear por arriba lo que cueste el trayecto.

Barcazas

La ciudad mejor conocida por sus canales es Brujas, por eso a veces se la llama (equivocadamente) la Venecia del norte. De marzo a noviembre (y los fines de semana en invierno) parten barcazas turísticas desde distintos puntos del centro y hacen recorridos de diferente longitud por la amplia red de canales; es una estupenda forma de ver la ciudad desde una perspectiva que cambia bastante. Es recomendable llevar un paraguas si ha llovido antes, porque los puentes gotean. Gante también tiene canales, aunque mucho menos largos que los de Brujas, e igualmente puede verse la ciudad de un modo agradable y plácido.

Bicicletas

Los belgas son ciclistas entusiastas y el tráfico suele ser respetuoso.

Sin embargo, la experiencia ciclista varía según la ciudad. Miles de estudiantes pedalean en Gante, por ejemplo, y las calles antiguas del centro de Brujas tienen relativamente poco tráfico y este es lento. En cambio, Bruselas se caracteriza por ser una propuesta más arriesgada: calles empedradas, a menudo congestionadas, abarrotadas y llenas de coches aparcados, tranvías y conductores frustrados. Aun así, hay muchas personas que van en bicicleta en Bruselas y sacan partido de las rutas ciclistas recomendadas.

Puede alquilar bicicletas en todas las ciudades. Las oficinas de turismo *(ver p. 121)* le proporcionarán detalles de las empresa de alquiler. También existen varias formas de compartir bicicleta. **Blue-bike** es un servicio nacional gestionado por la compañía ferroviaria SNCB, y Amberes tiene **Velo Antwerpen**. Se pueden alquilar para un día o una semana y se paga en línea o en una de las estaciones de bicicletas. Las de Blue-bike deben devolverse en el mismo sitio donde se han recogido (de lo contrario hay un cargo extra), pero las de Velo Antwerpen pueden dejarse en cualquiera de las estaciones. En Bruselas, las bicicletas pueden llevarse en el metro, salvo en hora punta.

Fuera de las ciudades, el paisaje plano de la mayor parte de Flandes resulta ideal para recorrerlo en bicicleta; las sendas para este vehículo tienen buena señalización. Las oficinas de turismo y las tiendas que alquilan bicicletas pueden dar información sobre rutas.

Una de las más famosas es la ruta del bosque de Limburgo cuyo carril bici atraviesa las aguas del lago sobre una pasarela de hormigón que tiene una profundidad de 1,5 metros, lo que permite que los ciclistas rueden contemplando el agua del lago que les queda a la altura de su pecho. Otra ruta cicloturista muy recomendable es la Ruta del Frente Occidental que recorre a lo largo de 100 kilómetros parte de la línea del frente de la Primera Guerra Mundial recorriendo antiguos búnkeres, trincheras, túneles subterráneos y grandes cementerios militares. Y por último, la Ruta del Cinturón Verde es un recorrido de 126 kilómetros que rodea la ciudad de Bruselas.

A pie

La mejor forma para darse una vuelta; en todas las ciudades los principales puntos de interés están en el centro y a una corta distancia caminando. Los urbanistas muestran una gran consideración hacia los peatones al proyectar aceras amplias y muchos pasos de peatones.

Bruselas, Amberes y Gante tienen grandes áreas peatonalizadas alrededor de las principales zonas. El tráfico debe detenerse para los peatones que cruzan un paso cebra, pero no siempre sucede. Algunos pasos también tiene semáforo y los conductores están más pendientes de él, no de la presencia de algún peatón que quiera cruzar: lo mejor es esperar a que se encienda la luz del hombrecito verde. Es recomendable usar buen calzado para caminar, pues hay muchas calles empedradas en las cuatro ciudades.

Fuera de las ciudades, Bélgica ofrece muchas excursiones de senderismo, desde aventuras de un día hasta rutas de muchos días y distancias largas. La ruta transnacional de larga distancia GR5 atraviesa el país y enlaza los Países Bajos con el Mediterráneo pasando por Lieja y Luxemburgo.

INFORMACIÓN

NORMAS DE CIRCULACIÓN

Touring
🔲 touring.be

VAB
🔲 vab.be

TRANSPORTE PÚBLICO

De Lijn
🔲 delijn.be

STIB/MIVB
🔲 stib-mivb.be

BILLETES

MOBIB
🔲 stib-mivb.be

BICICLETAS

Blue-bike
🔲 blue-bike.be

Velo Antwerpen
🔲 velo-antwerpen.be

Información práctica

Documentación

Los ciudadanos españoles pueden entrar en Bélgica llevando consigo el DNI o el pasaporte indistintamente. No es necesario ningún tipo de visado. No obstante, para más información, se puede consultar tanto en la **embajada belga en España** como el la **embajada española en Bruselas**. También cabe la posibilidad de acudir a la **oficina belga de inmigración**.

Bruselas es la "capital de Europa", por eso la mayoría de los países tienen embajadas en la ciudad, y gran parte están localizadas dentro o alrededor del barrio europeo al este del centro. Para los detalles de contacto de las embajadas de la mayor parte de países de habla inglesa, mire en información.

Consejos oficiales

Antes de viajar puede consultar las recomendaciones de viaje específicas para cada país publicadas en la web del **Ministerio de Asuntos Exteriores**.

Información de aduanas

La mayoría de los productos pueden ser transportados entre los países de la UE, incluyendo vino, cerveza, licores y tabaco, siempre que sean para uso personal y en cantidades que así lo reflejen. Para los ciudadanos de fuera de la UE que viajen a Bélgica, se aplican las limitaciones nacionales.

Seguro de viaje

Se recomienda contratar un seguro amplio que cubra robo, pérdida de pertenencias, atención médica, cancelaciones y demoras, y leer detenidamente la letra pequeña. Esto le permitirá reclamar una compensación si tiene que cancelar su viaje, por retrasos o por pérdida de sus pertenencias. También debería cubrir los costes en caso de enfermedad o accidente y, más importante, el coste de transporte para llevarle a casa en caso de un accidente o enfermedad grave.

Salud

Los belgas disfrutan de un servicio de salud de gran nivel; sus hospitales, normalmente localizados en edificios modernos situados en grandes terrenos en la periferia de las ciudades, están entre los mejores de Europa. Los españoles y otros viajeros procedentes de la Unión Europea deben llevar consigo la **Tarjeta Sanitaria Europea (TSE)**. Aunque la cobertura sanitaria la garantiza el estado, los gastos sanitarios no son gratuitos ya que sus ciudadanos pagan entre un 20-30 % de sus gastos sanitarios.

En caso de sufrir accidente o enfermedad, o necesitar tratamiento dental urgente, pregunte cómo acceder de la mejor manera a estos servicios; por ejemplo, los hoteles tienen una lista de médicos y dentistas propios. Tenga en cuenta también que los farmacéuticos están bien cualificados y para los belgas a menudo son la primera puerta para un tratamiento de dolencias menores. Pero los farmacéuticos conocen los límites de su jurisdicción, y le mandarán al médico si es necesario. Las farmacias tienen turnos de guardia de noche por zonas.

En general, los riesgos para la salud son escasos, y el agua del grifo es potable.

Carné de identidad

Tenga en cuenta que está obligado por ley a llevar un documento de identidad (por ejemplo, el pasaporte o el carnet de conducir) todo el tiempo. La policía tiene derecho a pedirle la documentación para identificarle, pero no puede quedarse con ella.

Tabaco, alcohol y drogas

Está prohibido oficialmente fumar y vapear en lugares públicos cerrados y en el transporte público. También está prohibido en restaurantes y cafeterías (salvo si tienen habilitada una zona para fumadores o la alimentación represente menos de un tercio del negocio y tengan un permiso especial).

Los mayores de 16 años pueden comprar vino y cerveza, pero los alcoholes de más graduación (15 % o más) solo pueden adquirirse a partir de los 18 años.

Todas las drogas están prohibidas por ley en Bélgica.

Seguridad personal

Bélgica es generalmente segura, pero hay delitos menores. La estación de Midi de Bruselas, en particular, tiene mala reputación debido a los carteristas y los robos. Hay que tener sentido común y dejar los objetos valiosos en lugar seguro, y estar pendiente del entorno. Si es víctima de un delito denúncielo a la policía (durante las primeras 24 horas en caso de robo) si quiere reclamar al seguro. Muchos policías hablan inglés y probablemente le responderán de una manera muy profesional.

Por regla general, los belgas son muy receptivos con todo el mundo, sea cual sea su raza, género o sexualidad. La homosexualidad es legal desde 1795, y en 2003 Bélgica se convirtió en el segundo país del mundo en legalizar el matrimonio entre personas del mismo sexo. Si una persona no se siente segura, la **Safe Space Alliance** le indicará el lugar más próximo para refugiarse. Todos los servicios de **ambulancias**, **bomberos** y **policía** son fiables y se les puede llamar gratis desde cualquier teléfono fijo, público o móvil.

Viajeros con necesidades específicas

En Bélgica abundan los edificios históricos, las escaleras, los bordillos, las puertas estrechas y las calles empedradas, pero poco se ha hecho en el entorno físico para adaptarlo a las personas con movilidad reducida. Aunque se están haciendo mejoras, las instalaciones accesibles de los hoteles, restaurantes y lugares públicos no todas son iguales, por ello es conveniente llamar antes. Las oficinas locales de turismo pueden aportar información a los viajeros con necesidades específicas. **Visit Flanders**, en concreto, tiene muchísima información en su web, que incluye también recomendaciones para viajeros con problemas de visión o audición. La web de **Handy.Brussels** es otra fuente útil de consejos para viajeros con necesidades específicas, fácil de usar y con secciones separadas sobre transporte, aspectos prácticos y las últimas noticias.

Diferencia horaria

No hay diferencia horaria entre España y Bélgica.

Moneda

La moneda belga es el euro (€). Las tarjetas bancarias y de crédito pueden usarse para retirar dinero de los cajeros que se encuentran por todas partes. La mayoría de las tarjetas de crédito y débito se aceptan en tiendas restaurantes

---

INFORMACIÓN

DOCUMENTACIÓN

Embajada de Bélgica
Paseo de la Castellana, 18 (6°), 28046 Madrid
[C] +34 91 577 63 00
[W] madrid@diplobel.fed.be

Embajada española en Bruselas
Rue de la Science, 19 - 1040 Etterbeek (Bruselas), Bélgica
[C] (desde Bélgica) 02 230 03 40

Oficina belga de inmigración
[W] dofi.ibz.be

CONSEJOS OFICIALES

Ministerio de Asuntos Exteriores
[W] exteriores.gob.es

SALUD

Tarjeta Sanitaria Europea (TSE)
[W] seg-social.es

SEGURIDAD PERSONAL

Ambulancia
[C] 112

Bomberos
[C] 112

Emergencias
[C] 112

Policía
[C] 101

VIAJEROS CON NECESIDADES ESPECÍFICAS

Handy.Brussels
[W] handy.brussels

Visit Flanders
[W] visitflanders.com/en/accessibility

INFORMACIÓN TURÍSTICA

Visit Brussels
[C] visit.brussels/es

Visit Flanders
[C] visitflanders.com/es

Wallonia Tourism
[C] visitwallonia.es/

y hoteles aunque son reacios respecto a American Express.

En Bélgica no es habitual dar propina. La factura de los restaurantes ya incluye un cargo por el servicio, pero los clientes pueden dejar una pequeña propina extra (redondeando la cantidad de la factura o añadiendo el 10 %) si el servicio ha sido particularmente bueno. También se incluye el servicio en los taxis, pero es normal redondear por lo alto el precio del trayecto hasta un 10 %.

Dispositivos eléctricos

En Bélgica se usan 230 voltios AC, y el enchufe de dos clavijas redondas común en Europa continental.

Teléfonos y wifi

La cobertura de los teléfonos móviles es buena, especialmente en las ciudades. Las personas que llegan a Bélgica con tarifas europeas pueden usar sus dispositivos sin que les afecten los cargos por *roaming*. Los visitantes procedentes de otros países deben ver sus contratos antes de partir para evitar cargos inesperados en la factura.

Casi todos los hoteles ofrecen wifi gratis para teléfonos inteligentes u ordenadores portátiles; algunos también tienen ordenadores que pueden ser usados en sus salones. Muchos bares y cafés también disponen de wifi gratis o de pago.

Correos

Las oficinas de correos abren de lunes a viernes de 9.00 a 17.00. En ellas se pueden comprar sellos y calcular el coste de envíos internacionales y de paquetes pesados.

Los sellos también pueden comprarse en algunos estancos, quioscos y tiendas donde venden postales.

Clima

El clima belga es el típico del norte de Europa: una mezcla de días soleados y lluviosos, distribuidos a lo largo de las cuatro estaciones. La temperatura media estacional varía desde 1° C en invierno a 19° C en verano. Todas las estaciones tienen sus encantos: en verano es más probable que haga buen tiempo; pero la primavera y el otoño pueden ser soleados y cálidos.

En lo que a ropa se refiere y qué llevar, lo mejor es pensar en que hará mal tiempo. Piense en llevar varias capas y así poder adaptarse a cualquier tipo de tiempo y siempre lleve un chubasquero. Asegúrese de llevar calzado cómodo: la mejor manera de ver las ciudades es a pie. Lleve un paraguas compacto que pueda guardar en la mochila o el bolso.

Horarios

La pandemia de **COVID-19** demostró que todo puede cambiar repentinamente. Antes de visitar museos, monumentos u otros lugares de interés consulte los horarios actualizados y las formalidades de reserva.

En general las tiendas abren de 10.00 a 18.00; pero tiendas pequeñas como panaderías y quioscos a menudo abren antes. Algunas tiendas cierran para comer, pero retrasan el cierre por la tarde. Los domingos cierran las grandes tiendas y los supermercados, pero es probable que abran pastelerías, chocolaterías y tiendas de *delicatessen* y de recuerdos, así como supermercados pequeños y centrales. Algunas tiendas abren hasta tarde una noche a la semana.

Los bancos suelen abrir de lunes a viernes, de 9.00 a 12.00 y de 14.00 a 16.00, aunque las sucursales más grandes no cierran a mediodía. Algunos bancos abren los sábados por la mañana. Las oficinas de cambio tienen horarios más amplios y pueden abrir los fines de semana.

Los días de fiesta en Bélgica son: Año Nuevo; Lunes de Pascua; el Día del Trabajo (1 de Mayo); el día de la Ascensión (6º jueves después de Semana Santa); el Lunes de Pentecostés (7º mes después de Semana Santa); el día de Flandes (11 de Julio); el día Nacional de la Independencia (21 de Julio); Asunción (15 de Agosto); el Día de Todos los Santos (1 de Noviembre); el día del Armisticio (11 Noviembre); y el día de Navidad. Aunque los bancos y las oficinas de correos permanecerán cerrados, algunos museos y tiendas pueden estar abiertos.

Información turística

Cada ciudad tiene su propia oficina de turismo (**Visit Brussels, Visit Bruges, Visit Antwerp** y **Visit Ghent**) donde se proporciona información local detallada. Todas estas oficinas de turismo tienen páginas web muy útiles que ofrecen detalles de las principales atracciones, festivales, eventos, restaurantes y hoteles; así como mapas, enlaces y demás información útil. La oficina regional de turismo, **Visit Flanders**, es también una fuente útil de información tanto para las ciudades como para una zona de Flandes más amplia.

Turismo responsable

La crisis climática está teniendo consecuencias en Bélgica, donde las temperaturas se disparan en verano y los días son muy fríos en invierno. Una buena contribución para no empeorar más la situación es utilizar el transporte público siempre que sea posible: la red ferroviaria del país es excelente y los billetes son económicos.

Costumbres

En ciertos platos la carne se sirve cruda. Esto se aplica al *steak américan*, carne picada, que no es lo que parece para los no iniciados.

Las cervezas belgas generalmente son más fuertes que sus equivalentes españolas, y van de un 5 % a un 12 % de alcohol por volumen (algunas veces incluso más). Como las cervezas se sirven generalmente en cantidades bastante pequeñas, el efecto puede ser decepcionante (hasta que te levantas). Hace falta un poco de práctica para tomarle la medida.

Es conveniente decir que es ilegal llevar en público ropa que oculte completamente o la mayor parte de la cara. Quienes lo hacen (por ejemplo, burka o nikab) se arriesgan a recibir una multa o ser detenidos hasta siete días.

Idioma

Los habitantes de Flandes (que incluye Brujas, Amberes y Gante) hablan neerlandés, que puede ser llamado informalmente flamenco *(vlaams)*; pero el idioma oficial es realmente el neerlandés. En Bruselas la gente habla en su mayoría francés o neerlandés.

En general mucha gente entiende el inglés; en Flandes mucha gente prefiere hablar en inglés antes que en francés, incluso aunque sea uno de los idiomas nacionales de Bélgica. El alemán es también un idioma oficial, pero se habla principalmente en las regiones del este.

Impuestos y devoluciones

El IVA estándar en Bélgica es el 21 %, que se aplica a la mayoría de los bienes y servicios. Los visitantes que no pertenezcan a la Unión Europea y permanezcan menos de tres meses pueden reclamar la devolución del IVA por compras superiores a 125 €. Hay que rellenar un formulario de exención de impuestos en la tienda, del cual se entrega una copia en la aduana a la salida del país, junto con prueba de haber efectuado la compra.

Alojamiento

El alojamiento es de gran calidad, desde los hoteles *boutique* y de cinco estrellas hasta las opciones económicas y los alojamientos con desayuno. Los precios tienden a reflejar los flujos de negocios y vacaciones. En verano hay mucha ocupación en Brujas, no tanto en Bruselas, Amberes o la ciudad universitaria de Gante. Hay que tener en cuenta que los precios no siempre incluyen la tasa turística o la de la ciudad, que generalmente es de 2 € más por persona y noche.

INFORMACIÓN

INFORMACIÓN TURÍSTICA

Visit Antwerp
PLANO T1 ◼ Steenplein 1, Amberes
🔲 visitantwerpen.be

Visit Bruges
PLANO J5
◼ Concertgebouw, 't Zand 34, Brujas y Markt 1, Brujas
🔲 visitbruges.be

Visit Brussels
PLANO D4 ◼ Rue Royale 2, Bruselas
🔲 visitbrussels.be
PLANO C3
◼ Ayuntamiento, Grand Place, Bruselas

Visit Flanders
PLANO C3 ◼ Rue du Marché aux Herbes 61, Bruselas
🔲 visitflanders.com
🔲 toerismevlaanderen.be

Visit Ghent
PLANO P1 ◼ Oude Vismijn, Sint-Veerleplein 5, Gante
🔲 visit.gent.be

Dónde alojarse

PRECIOS
Habitación doble con desayuno (si está incluido), impuestos y otros cargos.

€ menos de 150 € ■ €€ 150-275 € ■ €€€ más de 275 €

Bruselas: hoteles de lujo

Brussels Marriott Hotel Grand Place
PLANO B2 ■ Rue Auguste Orts 3-7, 1000 BRU ■ 02 516 90 90 ■ www. marriott.com ■ €€
Un Marriot con una personalidad única, situado cerca de la Bourse y de la Grand Place. Ideal para negocios, compras y ocio.

The Dominican
PLANO C2 ■ Rue Léopold 9, 1000 BRU ■ 02 203 08 08 ■ www.thedominican.be ■ €€
Situado en una calle tranquila justo detrás del Théâtre Royal de la Monnaie y a corta distancia a pie de la Grand Place, este lujoso hotel es uno de los mejores de la ciudad. Arquitectos reconocidos han creado un patio privado y agradable alrededor del cual están las habitaciones y un suntuoso salón.

The Hotel
PLANO C5 ■ Boulevard de Waterloo 38, 1000 BRU ■ 02 504 11 11 ■ www. thehotel-brussels.be ■ €€
Este alto edificio puede no parecer gran cosa desde fuera, pero su interior está lleno de sorpresas, incluyendo una decoración contemporánea y unas asombrosas vistas desde las habitaciones más altas, así como desde la sauna y el gimnasio de la planta 23. Excelente servicio.

Steigenberger Wiltcher's
PLANO C6 ■ Avenue Louise 71 ■ 02 542 42 42 ■ www.steigenberger. com ■ €€€
A las afueras de Ixelles, en uno de los bulevares de compras más exclusivos de Bruselas, se encuentra este imponente hotel de habitaciones elegantes, espaciosas y ultramodernas. También cuenta con *spa*.

Manos Premier
PLANO C6 ■ Chaussée de Charleroi 100-106, 1060 BRU ■ 02 537 96 82 ■ www.manospremier. com ■ €€
Un hotel con encanto privado de cinco estrellas que ofrece 50 habitaciones con estilo y mobiliario de época, un *spa* y un restaurante. La recepción tiene un aire parisino antiguo con mármoles y espejos de bordes dorados. Los huéspedes también pueden disfrutar de los tranquilos jardines privados. Muy apacibles aunque cerca de la bulliciosa Avenue Louise.

Radisson Blu Royal
PLANO C2 ■ Rue Fossé-aux-Loups 47, 1000 BRU ■ 02 219 28 28 ■ www. radissonblu.com ■ €€
El vestíbulo, que muestra la obra del reconocido arquitecto belga Michel Jaspers, es impresionante, un atrio imponente con plantas tropicales y

fuentes llenando su base, y ascensores de cristal ascendiendo al firmamento. El hotel tiene una elegante coctelería que está abierta todos los días.

Sofitel Brussels Le Louise
PLANO C6 ■ Avenue de la Toison d'Or 40, 1050 BRU ■ 02 514 22 00 ■ www.accorhotels.com ■ €€
No se deje intimidar por el hecho de que pertenezca a una cadena de hoteles, Sofitel trajo al admirado diseñador Antoine Pinto para redefinir este hotel de cinco estrellas con una atmósfera glamurosa y ecléctica. Las habitaciones son de lujo, y el restaurante tiene una encantadora terraza.

Warwick Brussels
PLANO C3 ■ Rue Duquesnoy 5, 1000 BRU ■ 02 505 55 55 ■ www. warwickhotels.com ■ €€
Equidistante de la Grand Place y de los Musées Royaux des Beaux-Arts, este elegante y suntuoso hotel forma parte del grupo Warwick. Tiene restaurante, bar y gimnasio.

Amigo
PLANO B3 ■ Rue de l'Amigo 1-3, 1000 BRU ■ 02 547 47 47 ■ www.roccoforte hotels.com ■ €€€
Cerca de la Grand Place, este elegante hotel está situado en una prisión del siglo XVI. Las habitaciones están decoradas con telas flamencas, y en los baños hay grabados de Tintin.

Stanhope
PLANO E5 ■ Rue du Commerce 9, 1000 BRU ■ 02 506 91 11 ■ www.thonhotels.com ■ €€€
Este hotel, situado a la vuelta de la esquina del Palacio Real, está decorado al estilo de una casa de campo inglesa. Ofrece servicios a la vieja usanza, habitaciones elegantes y tiene un bonito jardín interior. También posee un restaurante *gourmet* y un gimnasio.

Bruselas: hoteles con carácter

Espérance
PLANO C1 ■ Rue du Finistère 1-3, 1000 BRU ■ 02 219 10 28 ■ www.hotel-esperance.be ■ €
Esta joya *art decó* de los años 30 está escondida cerca de la Place des Martyrs *(ver p. 76)*. La mayoría de las habitaciones son modernas, pero la habitación 7 todavía conserva su antiguo esplendor. La taberna/sala de desayunos apenas ha cambiado y es imprescindible para tomar una copa.

Meininger
PLANO A2 ■ Quai Hainaut 33, 1080 BRU ■ 02 588 14 74 ■ www.meininger-hotels.com ■ €
Ubicada en una antigua cervecería, este hotel de tres estrellas de estilo mochilero y ecológico tiene unas 170 habitaciones divertidas, incluso habitaciones para familias. También alquila bicicletas.

Hotel Barsey by Warwick
Avenue Louise 381-383, 1050 BRU ■ 02 641 51 30 ■ www.warwickhotels.com ■ €€
Situado en el extremo sur de la elegante Avenue Louise, este hotel fue decorado por el francés Jacques Garcia en un opulento estilo eduardiano. Las habitaciones rezuman una sensación de confort lujoso y delicado. La terraza privada es un extra en verano.

Hotel Bloom
PLANO E1 ■ Rue Royale 250, 1210 BRU ■ 02 220 66 11 ■ www.nh-hotels.com ■ €€
Un hotel luminoso y moderno; las habitaciones son blancas y cada una tiene un fresco pintado por un joven artista europeo. Detrás de los jardines botánicos con fácil acceso a la Gare du Nord y al centro de la ciudad.

Ibis Styles Brussels Louise
PLANO C6 ■ Avenue Louise 212, 1050 BRU ■ 02 644 29 29 ■ www.ibis.com ■ €€
Aunque antes era de gestión independiente, White Hotel ahora es parte de la cadena Ibis, pero conserva su moderna idea de que todo sea blanco, y sigue exponiendo a jóvenes diseñadores belgas.

Le Dixseptième
PLANO C3 ■ Rue de la Madeleine 25, 1000 BRU ■ 02 517 17 17 ■ www.ledixseptieme.be ■ €€
No hay un lugar como este en Bruselas: un encantador y fascinante hotel que a finales del XVII fue residencia del embajador español. Tiene algunas suites ingeniosamente colocadas debajo de las vigas del techo, y amuebladas con una mezcla de encanto antiguo y un toque moderno.

Le Plaza
PLANO C1 ■ Boulevard Adolphe Max 118-126, 1000 BRU ■ 02 278 01 00 ■ www.leplaza-brussels.be ■ €€
Te sientes como un huésped de Luis XVI en el vestíbulo palaciego y los salones de este gran hotel, con sus estucos, dorados y espléndido techos pintados. Las habitaciones mantienen el mismo nivel de comodidad.

Odette en Ville
PLANO D8 ■ Rue de Châtelain 25, 1050 BRU ■ 02 640 26 26 ■ www.odetteenville.be ■ €€
Un íntimo hotel con encanto de ocho habitaciones ubicado en un edificio de 1920. Las habitaciones están decoradas en blancos y grises relajantes, y ofrece grandes comodidades como suelo de calefacción radiante. Tiene un restaurante con chimenea.

Radisson Collection Hotel
PLANO C2 ■ Rue du Fossé aux Loups 47, 1000 BRU ■ 02 219 28 28 ■ www.radissonhotels.com ■ €€€
Este Radisson cuenta con una ubicación excelente, a pocos pasos de la Grand Place. Sus instalaciones destacan por una decoración moderna.

Vintage Hotel
PLANO C6 ■ Rue Dejoncker 45, 1060 BRU ■ 02 533 99 80 ■ www.vintagehotel.be ■ €€
Cerca de la Avenue Louise, este hotel *boutique* de estilo años sesenta tiene habitaciones con lámparas burbuja y empapelado psicodélico, y la posibilidad de hacer *glamping* en una autoca-

ravana Airstream. De noche, la sala de desayuno se convierte en un bar de vinos.

Bruselas: hoteles de negocios y económicos

2GO4 Grand Place

PLANO C3 ■ Boulevard Emile Jacqmain 99, 1000 BRU ■ 02 219 30 19 ■ www.2go4.be ■ €
Justo al lado de la Grand Place, este albergue tiene opciones para todos los bolsillos. Disponen de una gran variedad de habitaciones, múltiples, individuales y dobles, con o sin baño. Excelentes instalaciones de cocina e internet gratis.

Aloft Brussels Schuman

PLANO G4 ■ Place Jean Rey, 1040 BRU ■ 02 800 08 88 ■ www.marriott.com ■ €€
Asequible hotel *boutique* en el corazón del barrio de la UE. En vez de restaurante hay un "puesto de comida" abierto 24 horas donde sirven aperitivos, sándwiches, ensaladas, así como bebidas. También dispone de diversos desayunos. Wifi, gimnasio y bar con música en directo.

Aqua Hotel

PLANO D5 ■ Rue de Stassart 43, 1050 BRU ■ 02 213 01 01 ■ www.aqua-hotel-brussels.com ■ €€
Situado en una calle tranquila y cerca del metro, es un hotel fresco y limpio muy popular entre los encargados de negocios que buscan algo diferente. Una enorme escultura azul de Arne Quinze rodea todo el edificio.

Marivaux

PLANO C1 ■ Boulevard Adolphe Max 98, 1000 BRU ■ 02 227 03 00 ■ www.hotelmarivaux.be ■ €€
Hotel de negocios sencillo con habitaciones elegantes y de estilo contemporáneo y salas de reuniones modernas. Relájese en el bar tomando un coctel o disfrutando de la comida de fusión en la elegante *brasserie*.

NH Brussels EU Berlaymont

PLANO G3 ■ Boulevard Charlemagne 11-19, 1000 BRU ■ 02 231 09 09 ■ www.nh-hotels.com ■ €€
Cerca del centro del gobierno europeo, este ecológico hotel es frecuentado por diplomáticos, políticos y periodistas. Cuenta con un sistema de comunicaciones muy moderno, gimnasio, baños turcos y sauna.

Pillows City Hotel Brussels Centre

PLANO D3 ■ Rue des Paroissiens 15-23 ■ 02 274 08 10 ■ www.pillowshotels.com ■ €€
Ubicado a la sombra de la Cathédrale des Saints Michel et Gudule y cerca de la estación central, este hotel ofrece habitaciones pequeñas pero con estilo. También tiene salas para reuniones de trabajo, un bar agradable y una cafetería.

The Progress Hotel

PLANO G1 ■ Rue du Progrès 9, 1210 BRU ■ 02 205 17 00 ■ www.progresshotel.be ■ €€
Agradable y pequeño hotel cerca del Jardín Botánico. Habitaciones

funcionales. Después de un día de reuniones los huéspedes pueden relajarse en las sillas de masaje del jardín de invierno cubierto con olivos. En recepción se pueden contratar traslados al aeropuerto y visitas guiadas.

Radisson Red Brussels

PLANO E5 ■ Rue d'Idalie 35, 1050 BRU ■ 02 626 81 11 ■ www.radisson-hotels.com ■ €€
Un hotel de lujo contiguo al Parlamento Europeo con amplias habitaciones de diseño, salas de reuniones de lujo, sauna, gimnasio y el bar restaurante Willards.

Sofitel Brussels Europe

PLANO G5 ■ Place Jourdan 1, 1040 BRU ■ 02 235 51 00 ■ www.sofitel-brussels-europe.com ■ €€
Elegante hotel de cinco estrellas muy cerca del Parlamento Europeo. Sus amplias habitaciones tienen decoración contemporánea, baños de lujo y artículos de tocador de diseño. Entre los extras hay 11 salas de reuniones, un *hammam*, un gimnasio, una terraza en la azotea y una tienda de chocolate.

Thon Hotel EU

PLANO F4 ■ Rue de la Loi 75, 1040 BRU ■ 02 204 39 11 ■ www.thonhotels.com ■ €€
Este colorido hotel ofrece habitaciones modernas y funcionales, wifi, un centro con gimnasio y sauna, un restaurante y salas de conferencias totalmente equipadas.

Brujas: hoteles de lujo

De Castillion
PLANO K4 ▪ Heilige Geeststraat 1 ▪ 050 34 30 01 ▪ www.castillion.be ▪ €€
Este cómodo hotel se encuentra en un edificio del siglo XVII al oeste de la ciudad. Los baños y las habitaciones han sido decorados con imaginación. Están al mismo nivel que su notable café y bar *art decó*.

Crowne Plaza Hotel
PLANO L4 ▪ Burg 10 ▪ 050 44 68 44 ▪ www.ihg.com ▪ €€
El Crowne Plaza está en el Burg, en el corazón de Brujas. Hotel moderno que posee algunos restos históricos: los cimientos de la iglesia medieval de San Donato. Tiene piscina cubierta, el PlazaCafé y aparcamiento.

Die Swaene
PLANO L4 ▪ Steenhouwersdijk 1 ▪ 050 34 27 98 ▪ www.dieswaene.be ▪ €€
Hotel romántico y opulento cuyas habitaciones están en un edificio del siglo XVIII y en la moderna "pérgola" con vistas al canal. Cuenta con un glamuroso salón en un viejo ayuntamiento, piscina cubierta y un restaurante gastronómico.

Heritage
PLANO K3 ▪ Niklaas Desparsstraat 11 ▪ 050 44 44 44 ▪ www.hotel-heritage.com ▪ €€
Situado en una mansión del siglo XIX, en el viejo barrio de mercaderes al norte del Markt. En este hotel se encuentra el restaurante Le Mystique, y de un *spa* y un gimnasio en una bodega del siglo XIV, y de un solárium en la azotea con vistas a la ciudad.

Hotel Aragon
PLANO K3 ▪ Naaldenstraat 22 ▪ 050 33 35 33 ▪ www.aragon.be ▪ €€
Hotel cerca del centro con buena presentación y buena gestión. Es parte de la Swan Hotel Collection, que incluye el Dukes' Palace. También tiene ocho apartamentos muy cerca donde pueden alojarse hasta siete personas.

Hotel Dukes' Palace
PLANO K4 ▪ Prinsenhof 8 ▪ 050 44 78 88 ▪ www.hoteldukespalace.com ▪ €€
Este antiguo palacio ducal se ha ganado sus cinco estrellas gracias a la piscina spa, la galería de arte y la capilla. El restaurante Manuscrit sirve un gran desayuno. El bar no es barato, pero los que lo conocen piensan que vale la pena.

Hotel de Orangerie
PLANO K4 ▪ Kartuizerinnenstraat 10 ▪ 050 34 16 49 ▪ www.hotelorangerie.be ▪ €€
Situado en un convento del siglo XV, este hotel tiene una magnífica sala de desayunos y bar con paneles con una terraza que mira al canal. Rebosa personalidad y encanto.

NH Brugge
PLANO J5 ▪ Boeveriestraat 2 ▪ 050 44 97 11 ▪ www.nh-hotels.com ▪ €€
Este edificio, un antiguo monasterio del siglo XVII, conserva algunos de sus maravillosos elementos, como las vidrieras, las chimeneas y las vigas de madera. Las habitaciones son modernas, pero el bar Jan Breydel tiene el encanto del viejo mundo.

The Pand Hotel
PLANO L4 ▪ Pandreitje 16 ▪ 050 34 06 66 ▪ www.pandhotel.com ▪ €€
Este hotel *boutique* ocupa una bonita casa del siglo XVIII, es el lugar ideal para una escapada romántica. Está cerca del Burg en una hermosa calle arbolada. Hermosa decoración con muebles tapizados y camas con dosel.

Bonifacius
PLANO K5 ▪ Groeninge 4 ▪ 050 49 00 49 ▪ www.bonifacius.be ▪ €€€
Excelente alojamiento con desayuno en un edificio del siglo XVI con vistas al canal y al puente Bonifacius. Cada habitación está decorada con ricas telas y antigüedades y cuentan con baños de granito con *jacuzzi*.

De Tuilerieën
PLANO L4 ▪ Dijver 7 ▪ 050 34 36 91 ▪ www.hoteltuilerieen.com ▪ €€€
Situado en la casa de un noble del siglo XV con vistas al canal, este lujoso hotel ha hospedado a muchas celebridades. En la sala de desayuno hay una fuente de chocolate, y además tiene piscina, sala de vapor y bar.

Simbología de categorías de precios de hoteles ver p. 124

Brujas: hoteles de precio medio

Hotel Malleberg

PLANO L4 ▪ Hoogstraat 7 ▪ 050 34 41 11 ▪ www.malleberg.be ▪ €
Situado en una casa cerca del Markt, este establecimiento regentado por una familia tiene un ambiente hogareño. Es un hotel decorado con gusto y sirve un abundante desayuno en bufé en el sótano abovedado. Wifi gratis para los huéspedes en habitaciones y zonas comunes. Se puede acceder a entradas para distintas atracciones con la tarifa de la habitación.

Adornes

PLANO L3 ▪ Sint-Annarei 26 ▪ 050 34 13 36 ▪ www.adornes.be ▪ Cerrado ene ▪ €€
El Adornes está situado en un grupo rehabilitado de casas adosadas de los siglos XVI al XVIII con vistas al canal en la tranquila zona este de la ciudad, a corta distancia andando del centro. La decoración con las vigas expuestas tiene un encanto rústico. Los huéspedes tienen bicicletas gratis. Permiten mascotas pequeñas. Dispone de aparcamiento gratuito.

Le Bois de Bruges

PLANO J5 ▪ Vrijdagmarkt 5 ▪ 050 33 33 64 ▪ www.leboisdebruges.be ▪ €€
Le Bois de Bruges, muy bien dirigido, tiene un encantador comedor y habitaciones funcionales. Da al Zand, la gran plaza mercado al oeste de la ciudad, y queda a 10 minutos del centro. Tiene un amplio aparcamiento bajo el hotel.

Bourgoensch Hof

PLANO K6 ▪ Wollestraat 35 ▪ 050 33 16 45 ▪ www.hotelbh.be ▪ €€
El Bourgoensch Hof se encuentra en una antigua cervecería del siglo XVI, y ofrece habitaciones a buen precio con estupendas vistas al canal. Está situado en el centro histórico de Brujas en un lugar que resulta peculiar.

Hotel Jacobs

PLANO L2 ▪ Baliestraat 1 ▪ 050 33 98 31 ▪ www.hoteljacobs.be ▪ €€
Este hotel con buena relación calidad precio, se encuentra en el tranquilo barrio de Sint-Gillis. Situado en un tradicional edificio con hastial, ofrece limpieza, acogedoras zonas públicas y habitaciones agradables con wifi. Cerca de las principales tiendas, restaurantes y museos.

Jan Brito

PLANO L2 ▪ Freren Fonteinstraat 1 ▪ 050 33 06 01 ▪ www.janbrito.com ▪ €€
Céntricamente situado, entre el Burg y el Koningin Astridpark, el hotel ocupa un interesante edificio del siglo XVI con fachada de ladrillo y hastial escalonado. Los encantadores salones están decorados en estilo Luis XVI. Tiene un bonito jardín.

De' Medici

PLANO L2 ▪ Potterierei 15 ▪ 050 33 98 33 ▪ www.hoteldemedici.com ▪ €€
Este elegante y moderno hotel con vistas al canal es miembro del grupo Golden Tulip. Tiene un centro de bienestar con gimnasio, sauna y sala de vapor. También hay un bar que da a un encantador jardín de estilo japonés.

Navarra

PLANO K3 ▪ Sint-Jakobsstraat 41 ▪ 050 34 05 61 ▪ www.hotelnavarra.com ▪ €€
La antigua casa comercial de los mercaderes de Navarra es ahora un hotel elegante situado al norte del Markt. Ofrece un elevado nivel de servicios y comodidades, incluyendo un gimnasio, piscina y bar de jazz.

Hotel Dukes' Arches

PLANO L4 ▪ Hoogstraat 20 ▪ 050 33 78 89 ▪ www.dukesarches.com ▪ €€
Muebles *vintage* y una hermosa escalera de caracol marcan el tono de estas dos grandes mansiones del siglo XIX, restauradas con elegancia y sensibilidad. Su servicio y comodidades son de gran nivel, y en las bodegas del siglo XVI hay gimnasio y sauna, que convierten este hotel en un lugar especial en el centro histórico de Brujas.

Duke's Palace

PLANO K4 ▪ Ontvangersstraat 9 ▪ 050 34 26 90 ▪ www.dukespalaceresidence.com ▪ €€
Este premiado hotel está escondido en una calle secundaria del oeste de la ciudad, en la zona donde estaba el espléndido palacio de los duques de Borgoña. Su decoración conserva, a menor escala, algo del grandioso estilo de los duques. Sus cómodas habitaciones están decoradas individualmente.

Brujas: hoteles económicos

Bauhaus Hostel

PLANO M3 ■ Langestraat 135 ■ 050 34 10 93 ■ www.bauhaus.be ■ €
Este albergue es acogedor y energético. Está situado al este de la ciudad, a 15 minutos andando del centro, y se enorgullece de su alojamiento económico. El bar del Bauhaus sirve más de 50 cervezas belgas y aperitivos. Wifi gratis.

Charlie Rockets

PLANO L4 ■ Hoogstraat 19 ■ 050 33 06 60 ■ www. charlierockets.com ■ €
A dos minutos a pie de Burg se encuentra este albergue situado encima de un bar estilo americano con mesas de billar y conciertos los viernes por la noche. Como no hay toque de queda no espere paz y tranquilidad.

Hotel Flanders

PLANO L4 ■ Langestraat 38 ■ 050 33 88 89 ■ www. hotelflanders.com ■ €
Teniendo en cuenta su ubicación céntrica y sus servicios, este moderno hotel guarda sorprendentemente una buena relación calidad precio. Sus habitaciones son pulcras y minimalistas, y las hay para familias también. Tiene una pequeña piscina cubierta, dos jardines frondosos y aparcamiento para coches. Abundante desayuno bufé.

Hostel de Passage

PLANO K4 ■ Dweerstraat 26 ■ 050 34 02 32 ■ www. passagebruges.com ■ €
Interesante hotel económico de solo 10 habitaciones sencillas y bien presentadas (seis dobles, dos triples y dos cuádruples; los precios son por persona). Está unido al igualmente fascinante Gran Kaffe de Passage (ver p. 99).

Hotel Canalview Ter Reien

PLANO L3 ■ Langestraat 1 ■ 050 34 91 00 ■ www. canalviewhotel.be ■ €
Casi encaramado a un canal al este del Burg. Sus habitaciones son limpias y las dobles disponen de baño cápsula. También es buena una habitación con vistas al patio. Wifi gratuito.

Lucca

PLANO K3 ■ Naaldenstraat 30 ■ 050 34 20 67 ■ www.hotellucca.be ■ €
El exterior neoclásico del siglo XVIII de este edificio esconde un interior aún más antiguo, con una bodega medieval abovedada donde se sirve el desayuno. El hotel fue en su día el albergue de los mercaderes de Lucca y guarda relación con Giovanni Arnolfini, el banquero retratado en el célebre cuadro de Jan van Eyck, *El matrimonio Arnolfini*. Las habitaciones son pintorescamente anticuadas, hecho que se refleja en sus atractivos precios.

De Pauw

PLANO L2 ■ Sint-Gilliskerkhof 8 ■ 050 33 71 18 ■ www. hoteldepauw.be ■ €
Este bonito hotel, con el exterior de ladrillo cubierto de flores, está regentado por una familia. Está situado cerca de la vieja parroquia de Sint-Gillis, en la tranquila e histórica zona norte de la ciudad, aunque solo queda a 10 minutos andando del centro. El interior está decorado como una casa particular que da la bienvenida.

Hotel Ter Brughe

PLANO K3 ■ Oost Gistelhof 2 ■ 050 34 03 24 ■ www.hotelterbrughe. com ■ €€
Justo al norte del canal Augustijnenrei, en una encantadora red de calles viejas. Este bien gestionado hotel está situado en una antigua casa del siglo XVI con vistas al canal, que tiene impresionantes vigas de madera, sobre todo en el comedor del desayuno y en algunas de las amplias habitaciones.

Patritius

PLANO L3 ■ Riddersstraat 11 ■ 050 33 84 54 ■ www. hotelpatritius.be ■ €€
Dados sus razonables precios, sorprende que este hotel de una familia ocupe una gran mansión del siglo XIX situada al noreste del Markt. Sus elegantes habitaciones y el jardín interior son un incentivo más.

Ter Duinen

PLANO L2 ■ Langerei 52 ■ 050 33 04 37 ■ www. terduinen.eu ■ €€
Este encantador hotelito parece estar situado muy lejos al norte de la ciudad, pero está a tan solo 15 minutos a pie del centro de Brujas. Habitaciones bien presentadas (algunas con vistas al canal) que tienen doble cristal y aire acondicionado. Los salones son elegantes.

Simbología de categorías de precios de hoteles ver p. 124

Hoteles de Amberes

Pulcinella Hostel
PLANO T2 ■ Bogaardeplein
1 ■ 03 234 03 14 ■ www.
jeugdherbergen.be ■ €
Posiblemente el albergue
más elegante de Bélgica
gracias a su interior
minimalista. Tiene
habitaciones de dos,
cuatro y seis camas
y un bar. Accesible para
viajeros con capacidades
diferentes.

Quality Hotel Antwerpen Centrum Opera
PLANO U2
■ Molenbergstraat 9-11
■ 03 232 76 75 ■ www.
choicehotels.com ■ €
Justo detrás de la calle
comercial Meir, este hotel
de cadena es moderno y
eficiente. Las habitaciones
son amplias y cómodas.
Delicioso desayuno tipo
bufé y un agradable bar con
una buena carta de vinos.

Firean
PLANO U3 ■ Karel
Oomsstraat 6 ■ 03 237 02 60
■ www.hrs.com ■ €€
Hotel de gestión familiar
en una mansión *art déco*
de la década de 1920.
Aunque se encuentra
más lejos del centro que
otras opciones, el encanto
de Firean hace que el
viaje valga la pena.
Habitaciones amplias y
ricas telas.

Hotel Docklands
PLANO U1 ■ Kempisch
Dok Westkaai 84-90 ■ 03
231 07 26 ■ www.hotel
docklands.be ■ €€
Situado en la emergente
zona portuaria a 15 minu-
tos al norte del centro,
este hotel usa diseños de
color en las habitaciones
y las zonas comunes. De-
sayuno bufé bien surtido y
muchas opciones para
comer cerca.

Hotel Rubens
PLANO T1 ■ Oude Beurs
29 ■ 03 222 48 48 ■ www.
hotelrubensantwerp.be ■ €€
Tranquila y romántica
opción detrás de Grote
Markt. Las amplias *suites*
de una cama tienen sala
de estar separada y bue-
nas vistas. En verano, se
puede desayunar al exte-
rior en la terraza.

Julien
PLANO T1 ■ Korte
Nieuwstraat 24 ■ 03 229
06 00 ■ www.hotel-julien.
com ■ €€
Formado por casas de
época conectadas por un
patio verde, este contem-
poráneo hotel tiene ele-
gantes interiores. Está
idealmente situado entre
la zona comercial de Meir
y la catedral.

Matelote
PLANO T2 ■ Haarstraat 11A
■ 03 201 88 00 ■ www.
hotel-matelote.be ■ €€
Situado en una casa
señorial transformada
cerca del río Scheldt,
este hotel ofrece nueve
habitaciones deslum-
brantemente blancas,
con decoración minima-
lista y comodidades
modernas. El precio
incluye wifi gratis y agua
mineral; dispone de un
desayuno bufé que se
cobra aparte.

Mercure Antwerpen Centrum
PLANO V3 ■ Quinten
Matsijslei 25 ■ 03 231 15
15 ■ www.all.accor.com
■ €€
Este modesto hotel
moderno forma parte de
una gran cadena. Está
muy bien gestionado, es
agradable y cómodo, y
está convenientemente
situado a un corto paseo
de la Centraal Station, la
Rubenshuis y la calle
comercial Meir. Tiene su
propio bar y un gimnasio, y
al otro lado de la calle está
el hermoso Stadspark.

Radisson Blu Astrid Hotel
PLANO V2 ■ Koningin
Astridplein 7 ■ 03 203 12
34 ■ www.radissonhotels.
com ■ €€
Hotel grande y bien
dirigido situado cerca de la
Centraal Station, al este
del centro. Ofrece amplias
instalaciones para confe-
rencias, y es perfecto para
visitantes de negocios.
Tiene gimnasio y piscina.

't Sandt
PLANO T2 ■ Zand 17
■ 03 232 93 90 ■ www.
hotel-sandt.be ■ €€
El hotel es una vieja mansión noble justo al oeste de
la catedral y cerca del río.
Ha sido transformado, y
de tener un elegante estilo
neorrococó ha pasado a
ser un moderno hotel de
lujo. Todas las *suites*, incluyendo el lujoso ático, están
dispuestas en torno a un
patio ajardinado.

Theater Hotel
PLANO U2 ■
Arenbergstraat 30
■ 03 203 54 10
■ www.theater-hotel.be
■ €€
Este hotel moderno del
barrio de los teatros está
bien situado cerca de la
Rubenshuis, y a corta
distancia a pie de la
catedral y de algunas de
las mejores calles comer-
ciales de Amberes. Las
habitaciones son de un
pulcro estilo minimalista.

Hoteles de Gante

Hostel Uppelink
PLANO P2 ▪ Sint-Michielsplein 21 ▪ 09 279 44 77 ▪ www.hostel uppelink.com ▪ €
Albergue juvenil perteneciente a una familia y situado en un edificio histórico al lado de Sint-Michielsbrug, en el centro de Gante. Las habitaciones y los baños se comparten entre dos a diez personas. Desayuno de bufé y un pequeño bar con cervezas belgas a precios razonables. El albergue cuenta también con kayaks para alquilar y ofrece recorridos a pie gratuitos.

Hotel Onderbergen
PLANO P3 ▪ Onderbergen 69 ▪ 09 223 62 00 ▪ www. hotelonderbergen.be ▪ €
Solo a 3 minutos andando de Sint-Baafskathedraal, este hotel con encanto está decorado en un fresco estilo minimalista. Situado en una casa histórica en la que algunas de sus amplias habitaciones tienen las vigas a la vista. También ofrece habitaciones familiares para hasta seis personas y un apartamento.

Monasterium Poortackere
PLANO P2 ▪ Oude Houtlei 56 ▪ 09 269 22 10 ▪ www.monasterium.be ▪ €
Una experiencia interesante: un hotel ocupa un convento reformado. Un aire de tranquilidad impregna los edificios (principalmente del siglo XIX) y jardines. Un lugar especial, al que se suma la cálida bienvenida y el ambiente relajado. Está bien situado, justo al oeste del centro.

Erasmus Hotel
PLANO P2 ▪ Poel 25 ▪ 09 224 21 95 ▪ www. erasmushotel.be ▪ €€
Esta casa noble del siglo XVI al oeste de la ciudad conserva muchos de sus rasgos originales y está decorada con antigüedades. Su encanto de otros tiempos crea un telón de fondo perfecto para visitar la ciudad histórica.

Ghent River Hotel
PLANO Q1 ▪ Waaistraat 5 ▪ 09 266 10 10 ▪ www. ghent-river-hotel.be ▪ €€
Hotel funcional y moderno con 77 habitaciones situadas en una casa del siglo XVI, y fábrica del XIX. Se encuentra junto al río Leie, cerca del animado Vrijdagmarkt. El comedor del desayuno tiene impresionantes vistas de la ciudad.

Hotel de Flandre
PLANO P2 ▪ Poel 1-2 ▪ 09 266 06 00 ▪ www. hoteldeflandre.be ▪ €€
Escondido detrás del muelle de Korenlei, esta elegante mansión conserva en sus zonas comunes muchos detalles de época. Las habitaciones son tranquilas y cómodas.

Hotel Gravensteen
PLANO P1 ▪ Jan Breydelstraat 35 ▪ 09 225 11 50 ▪ www. gravensteen.be ▪ €€
Frente al Castillo de los Condes, este hotel tiene una impresionante entrada, cómodas habitaciones, un acogedor bar, sauna y gimnasio. El desayuno bufé ofrece una buena selección de platos fríos y calientes. Los huéspedes tienen acceso al aparcamiento privado.

Hotel Harmony
PLANO Q1 ▪ Kraanlei 37 ▪ 09 324 26 80 ▪ www. hotel-harmony.be ▪ €€
Hotel elegante de gestión familiar situado en Patershol, el barrio más antiguo de Gante. Dispone de piscina temperada y de una serie de habitaciones de lujo que dan al canal, todas con terraza con vistas a la ciudad.

Ibis Gent Centrum Kathedraal
PLANO Q2 ▪ Limburgstraat 2 ▪ 09 233 00 00 ▪ www.all.accor.com ▪ €€
En pleno centro de Gante, con vistas a Sint-Baafskathedraal, es un hotel bien gestionado, moderno y miembro de la cadena Ibis. Hay un montón de restaurantes cerca. Aparcamiento privado de pago con plazas limitadas.

NH Gent Belfort
PLANO Q2 ▪ Hoogpoort 63 ▪ 09 233 33 31 ▪ www. nh-hotels.com ▪ €€
Esta cadena ciertamente sabe proporcionar estilo y comodidad. El Belfort tiene todas las comodidades de un hotel de su rango, incluyendo gimnasio y sauna. Muy bien situado en el centro, frente al Stadhuis.

Pillows Grand Hotel Reylof
PLANO P2 ▪ Hoogstraat 36 ▪ 09 235 40 70 ▪ www. pillowshotels.com ▪ €€
Una gran mansión del siglo XVIII con una ampliación moderna que proporcionan alojamiento de lujo cerca del centro histórico. Tiene un patio ajardinado, bar, un restaurante muy bien considerado y un centro de bienestar.

Índice general

Agradecimientos

Edición actualizada por

Colaboración Phil Lee

Edición sénior Dipika Dasgupta, Alison McGill

Edición de proyecto Anuroop Sanwalia, Tijana Todorinović

Diseño de proyecto sénior Vinita Venugopal

Asistencia en documentación fotográfica Manpreet Kaur

Documentación fotográfica sénior Nishwan Rasool

Diseño de cubierta Vinita Venugopal

Iconografía de cubierta Claire Guest

Cartografía Suresh Kumar

Cartografía sénior Subhashree Bharati

Diseño DTP sénior Tanveer Zaidi

Producción sénior Jason Little, Samantha Cross

Responsables editoriales Shikha Kulkarni, Beverly Smart, Hollie Teague

Edición de arte sénior Priyanka Thakur

Dirección de arte Maxine Pedliham

Dirección editorial Georgina Dee

DK quiere dar las gracias a las siguientes personas por su contribución a la edición anterior: Hilary Bird, Antony Mason, Teresa Fisher

Koninklijk Museum voor Schone Kunsten Antwerpen: Karin Borghouts 13bl, 34cla, 35l.

L'Ultime Atome: 87bl.

Maagdenhuismuseum: 104bc; Binnenkoer 64tr.

MOOY: 106tr.

Musée d'Ixelles: 84cla.

Musée des Instruments de Musique: 12cl, 20cr, 21; Liesbeth Bonner 20br; Milo-Profi/Arthur Los 20clb.

Museum of Natural Sciences, Brussels: Th. Hubın 86tr.

Patrick Devos: 98bl.

Robert Harding Picture Library: Tibor Bognar 13br; Heinz-Dieter Falkenstein 47cl; Marc De Ganck 57br; Gunter Kirsch 27tl; Martin Moxter 7tl; Peter Richardson 8tl; Phil Robinson 103cl; Riccardo Sala 109c.

Royal Museum of Fine Arts of Belgium, Brussels: © DACS 2016 18-19; Johan Geleyns 18cl, 18b, 19cb, 73clb, 85cl.

Photo Scala, Florence: Bl, ADAGP, Paris / © DACS 2016 19tl.

Shutterstock.com: 4cra, 26clb; Colorsport 43clb.

Stad Antwerpen: MAS/Filip Dujardin 49tr; Museum Ann de Stroom/Hugo Maertens 50crb; Museum Ann de Stroom 100tl; Museum Mayer van den Bergh 102br; Rubenshuis 36tr, 36cl, 36-37, 101crb, /Bart Huysmans 37crb, /Michel Wuyts 36br; Michel Wuyts 104tl.

STAM: 110br.

SuperStock: age fotostock/Sara Janini 9cr; Christie's Images Ltd 45br; Fine Art Images 31cl; Iberfoto 13c, 32, 33tl, 33cl, 33bl.

La Taverne du Passage: Dominique Rodenbach 78cr.

Van Buuren Museum: 83crb.

Cubierta

Delantera y lomo: **Getty Images/iStock:** SisterF

Trasera: **Alamy Stock Photo:** Nattee Chalermtiragool tr, New Horizons cl; **Dreamstime.com:** Aleksandra Lande tl

Mapa desplegable

Alamy Stock Photo: John Kellerman

Resto de imágenes © Dorling Kindersley

Para más información ver: www.dkimages.com

Ilustración: chrisorr.com

Penguin Random House

De la edición española
Coordinación editorial Cristina Gómez de las Cortinas
Servicios editoriales Moonbook
Traducción DK

Impreso y encuadernado en China

Publicado originalmente en Gran Bretaña en 2004 por Dorling Kindersley Limited DK, 20 Vauxhall Bridge Road, London, SW1V 2SA UK

Copyright 2004, 2024 © Dorling Kindersley Limited Parte de Penguin Random House

Título original DK Top 10 Brussels, Bruges, Antwerp and Ghent Décima edición, 2025

ISBN 978-0-241-77196-9

MIXTO
Papel | Apoyando la silvicultura responsable
FSC™ C018179

Este libro se ha impreso con papel certificado por el Forest Stewardship Council™ como parte del compromiso de DK por un futuro sostenible. Para más información, visite www.dk.com/uk/information/sustainability

Frases útiles (francés)

Urgencias

¡Socorro!	Au secours!	oh sekoor
¡Alto!	Arrêtez!	aret-ay
Llame a un médico	Appelez un medecin	apuh-lay uñ medsañ
Llame a la policía	Appelez la police	apuh-lay lah pol-ees
Llame a los bomberos	Appelez les pompiers	apuh-lay leh poñ peeyǝy
¿Dónde está el teléfono más cercano?	Où est le téléphone le plus proche	oo ay luh tehlehfon luh ploo prosh

Comunicación básica

Sí/No	Oui/Non	wee/noñ
Por favor	S'il vous plaît	seel voo play
Gracias	Merci	mer-see
Perdone	Excusez-moi	exkoo-zay mwah
Hola	Bonjour	boñzhoor
Adiós	Au revoir	oh ruh-vwar
Buenas tardes	Bon soir	boñ-swar
La mañana	Le matin	matañ
El mediodía	L'apres-midi	l'apreh-meedee
La tarde	Le soir	swah
Ayer	Hier	eeyehr
Hoy	Aujourd'hui	oh-zhoor-dwee
Mañana	Demain	duhmañ
Aquí	Ici	ee-see
Allí	Là bas	lah bah
¿Cuál?	Quel/quelle?	kel, kel
¿Cuándo?	Quand?	koñ
¿Por qué?	Pourquoi?	poor-kwah
¿Dónde?	Où?	oo

Frases habituales

¿Cómo está?	Comment allez vous?	kom-moñ talay voo
Muy bien, gracias	Très bien, merci	treh byañ, mer-see
¿Qué tal?	Comment ça va?	kom-moñ sah vah
Hasta luego	À bientôt	ah byañ-toh
Está bien	Ça va bien	sah vah byañ
¿Dónde está /están?	Où est/sont …?	ooh ay/soñ
¿En qué dirección está?	Quelle est la direction pour …?	kel ay lah deer-ek-syoñ poor
¿Habla inglés?	Parlez-vous anglais?	par-lay voo oñg-lay?
No entiendo	Je ne comprends pas	zhuh nuh kom-proñ pah
Perdón	Excusez-moi	exkoo-zay mwah

Compras

¿Cuánto cuesta?	C'est combien?	say kom-byañ
Querría...	Je voudrais	zhuh voo-dray
¿Tienen?	Est-ce que vous avez …?	es-kuh voo zavay
¿Aceptan tarjetas de crédito?	Est-ce que vous acceptez les cartes de crédit?	es-kuh voo zaksept-ay leh kart duh kreh-dee
¿A qué hora abren/cierran?	À quelle heure vous êtes ouvert/ fermé?	ah kel urr voo zet oo-ver/ fermay
Este	celui-ci	suhl-wee see
Aquel	celui-là	suhl-wee lah
Caro	cher	shehr
Barato	pas cher, bon marché	pah shehr, boñ mar-shay

talla (ropas)	la taille	tye
blanco	blanc	bloñ
negro	noir	nwahr
rojo	rouge	roozh
amarillo	jaune	zhownh
verde	vert	vehr
azul	bleu	bluħ

Tipos de tiendas

panadería	la boulangerie	booloñ-zhuree
banco	la banque	boñk
librería	la librairie	lee-brehree
carnicería	la boucherie	boo-shehree
pastelería	la pâtisserie	patee-sree
farmacia	la pharmacie	farmah-see
de patatas fritas	la friterie	free-tuh-ree
chocolatería	le chocolatier	shok-oh-lah-tyeh
charcutería	la charcuterie	shah-koo-tuh-ree
grandes almacenes	le grand magasin	groñ maga-zañ
pescadería	la poissonerie	pwasson-ree
vendedor de verduras	le marchand de légumes	mar-shoñ duh lay-goom
peluquería	le coiffeur	kwafuhr
mercado	le marché	marsh ay
periódico	le magasin de journaux/tabac	maga-zañ duh zhoor-no/ta-bak
correos	le bureau de poste	boo-roh duh pohst
tienda	le magasin	maga-zañ
supermercado	le supermarché	soo-pehr-marshay
Agencia de viajes	l'agence de voyage	azhons duh vwayazh

Visitas

galería de arte	la galérie d'art	galer-ree dart
estación de autobús	la gare routière	gahr roo-tee-yehr
catedral	la cathédrale	katay-dral
iglesia	l'église	aygleez
cerrado	fermeture jour ferié	fehrmeh-tur zhoor fehree-ay
jardín	le jardin	zhah-dañ
biblioteca	la bibliothèque	beebleeo-tek
museo	le musée	moo-zay
estación	la gare (SNCB)	gahr (es-en-say-bay)
oficina de información	les informations	uñ-for-mah-syoñ
ayuntamiento	l'hôtel de ville	ohtel duh vil
tren	le train	trañ

En el hotel

¿Tiene habitación?	est-ce que vous avez une chambre?	es-kuh voo zavay oon shambr
habitación doble	la chambre à deux personnes	shambr ah duh per-son
con cama de matrimonio	avec un grand lit	ah-vek uñ groñ lee
con dos camas	la chambre à deux lits	shambr ah duhlee
habitación individual	la chambre à une personne	shambr ah oon pehr-son
habitación con baño	la chambre avec salle de bain	shambr ah-vek sal duh bañ
una ducha	une douche	doosh
Tengo una reserva	J'ai fait une reservation	zhay fay oon ray-zehrva-syoñ

En el restaurante

¿Hay mesa?	**Avez vous une table libre?**	*avay-voo oon tahbl leebr*
Querría reservar una mesa	**Je voudrais réserver une table**	*zhuh voo-dray rayzehr-vay oon tahbl*
La cuenta, por favor	**L'addition, s'il vous plaît**	*l'adee-syoñ, seel voo play*
Soy vegetariano	**Je suis végétarien**	*zhuh swee vezhay-tehryañ*
Camarero/ Camarera	**Monsieur/ Mademoiselle**	*muh-syur/ mad-uh-mwah-zel*
La carta	**le menu**	*men-oo*
Carta de vinos	**la carte des vins**	*lah kart-deh vañ*
Vaso	**verre**	*vehr*
Botella	**la bouteille**	*boo-tay*
Cuchillo	**le couteau**	*koo-toh*
Tenedor	**la fourchette**	*for-shet*
Cuchara	**la cuillère**	*kwee-yehr*
Desayuno	**le petit déjeuner**	*puh-tee day-zhuh-nay*
Almuerzo	**le déjeuner**	*day-zhuh-nay*
Cena	**le dîner**	*dee-nay*
Plato principal	**le grand plat**	*groñ plah*
Entrantes	**l'hors d'oeuvre**	*or duhvr*
el postre	**le dessert**	*deh-zehrt*
Plato del día	**le plat du jour**	*plah doo joor*
bar	**le bar**	*bah*
café	**le café**	*ka-fay*
Poco hecho	**saignant**	*say-nyoñ*
En su punto	**à point**	*ah pwañ*
Bien hecho	**bien cuit**	*byañ kwee*

Menú

agneau	*ahnyoh*	cordero
ail	*eye*	ajo
asperges	*ahs-pehrj*	espárragos
bar/loup	*bah/loo*	lubina
de mer	*duh mare*	de mer
bière	*byahr*	cerveza
boeuf	*buhf*	vacuno
brochet	*brosh-ay*	brocheta
café	*kah-fay*	café
café au lait	*kah-fay oh lay*	café con leche
caffe latte	*kah-fay lat-uh*	caffe latte
canard	*kanar*	pato
cerf/chevreuil	*surf/shev-roy*	ciervo
chicon	*shee-koñ*	endivia belga
chocolat	*shok-oh-lah*	chocolate
chaud	*shoh*	caliente
choux de Bruxelles	*shoo duh broocksell*	coles de Bruselas
coquille Saint-Jacques	*kok-eel sañ jak*	vieiras Saint-Jacques
crêpe	*crayp*	crepe
crevette	*kreh-vet*	gambas
dorade	*doh-rad*	besugo
eau	*oh*	agua
epinard	*aypeenar*	espinacas
faisant	*feh-zoñ*	faisán
frites	*freet*	patatas fritas
fruits	*frwee*	fruta
gauffre	*gohfr*	gofre
hareng	*ah-roñ*	arenque
haricots	*arrykoh*	judías
haricots verts	*arrykoh vehr*	judías verdes
homard	*oh-ma*	langosta
huitre	*weetr*	ostra
jus d'orange	*zhoo doh-ronj*	zumo de naranja
légumes	*lay-goom*	verduras
limonade	*lee-moh-nad*	limonada
lotte	*lot*	rape

moule	*mool*	mejillón
poisson	*pwah-ssoñ*	pescado
pommes de terre	*pom-duh tehr*	patatas
porc	*por*	cerdo
poulet	*poo-lay*	pollo
raie	*ray*	ralla
saumon	*soh-moñ*	salmón
thé	*tay*	té
thon	*toñ*	atún
truffe	*troof*	trufa
truite	*trweet*	trucha
veau	*voh*	ternera
viande	*vee-yand*	carne
vin	*vañ*	vino
vin maison	*vañ may-sañ*	vino de mesa

Números

0	**zéro**	*zeh-roh*
1	**un, une**	*uñ, oon*
2	**deux**	*duh*
3	**trois**	*trwah*
4	**quatre**	*katr*
5	**cinq**	*sañk*
6	**six**	*sees*
7	**sept**	*set*
8	**huit**	*weet*
9	**neuf**	*nurf*
10	**dix**	*dees*
11	**onze**	*oñz*
12	**douze**	*dooz*
13	**treize**	*trehz*
14	**quatorze**	*katorz*
15	**quinze**	*kañz*
16	**seize**	*sehz*
17	**dix-sept**	*dees-set*
18	**dix-huit**	*dees-zweet*
19	**dix-neuf**	*dees-znurf*
20	**vingt**	*vañ*
21	**vingt-et-un**	*vañ ay uhn*
30	**trente**	*tront*
40	**quarante**	*karoñt*
50	**cinquante**	*sañkoñt*
60	**soixante**	*swahsoñt*
70	**septante**	*setoñt*
80	**quatre-vingt**	*katr-vañ*
90	**quatre-vingt-dix/ nonante**	*katr vañ dees/ nonañ*
100	**cent**	*soñ*
1.000	**mille**	*meel*
1.000.000	**million**	*miyoñ*

Tiempo

¿Qué hora es?	**Quelle heure est-il?**	*kel uhr eh-til*
un minuto	**une minute**	*oon mee-noot*
una hora	**une heure**	*oon uhr*
media hora	**une demi-heure**	*oon duh-mee uhr*
una hora y media	**une heure et demi**	*oon uhr ay duh-mee*
un día	**un jour**	*zhuhr*
una semana	**une semaine**	*suh-men*
un mes	**un mois**	*mwah*
un año	**une année**	*annay*
lunes	**lundi**	*luñ-dee*
martes	**mardi**	*mahr-dee*
miércoles	**mercredi**	*mehrkruh-dee*
jueves	**jeudi**	*zhuh-dee*
viernes	**vendredi**	*voñdruh-dee*
sábado	**samedi**	*sam-dee*
domingo	**dimanche**	*dee-moñsh*

Frases útiles (neerlandés)

Urgencias

¡Socorro!	**Help!**	help
¡Alto!	**Stop!**	stop
Llame a un médico	**Haal een dokter!**	haal uhndok-tur
Llame a la policía	**Roep de politie!**	roop duh poe-leet-see
Llame a los bomberos	**Roep de brandweer!**	roop duh brahnt-vheer
¿Dónde está el teléfono más cercano?	**Waar ist de dichtsbijzijnde telefoon?**	vhaar iss duh dikst-baiy-zaiyn duh tay-luh-foan
¿Dónde está hospital más cercano?	**Waar ist het dichtsbijzijnde ziekenhuis**	vhaar iss het dikst-baiy-zaiyn -duh zee-kuh-hows

Comunicación básica

Sí	**Ja**	yaa
No	**Nee**	nay
Por favor	**Alstublieft**	ahls-tew-bleeft
Gracias	**Dank u**	dhank-ew
Perdone	**Pardon**	pahr-don
Hola	**Hallo**	haa-lo
Adiós	**Dag**	dahgh
Buenas tardes	**Goedenacht**	ghoot-e-naakt
La mañana	**Morgen**	mor-ghugh
El mediodía	**Middag**	mid-dahgh
La tarde	**Avond**	av-vohnd
Ayer	**Gisteren**	ghis-tern
Hoy	**Vandaag**	van-daagh
Mañana	**Morgen**	mor-ghugh
Aquí	**Hier**	heer
Allí	**Daar**	daar
¿Cuál?	**Wat?**	vhat
¿Cuándo?	**Wanneer?**	vhan-eer
¿Por qué?	**Waarom?**	vhaar-om
¿Dónde?	**Waar?**	vhaar
¿Cómo?	**Hoe?**	hoo

Frases habituales

¿Cómo estás?	**Hoe gaat het ermee?**	hoo ghaat het er-may
Muy bien, gracias	**Heel goed, dank u**	hayl ghoot, dhank ew
¿Qué tal?	**Hoe maakt u het?**	hoo maakt ew het
Hasta luego	**Tot ziens**	tot zeens
Está bien	**Prima**	pree-mah
¿Dónde está/están...?	**Waar is/zijn ...?**	vhaar iss/zayn
A qué distancia está...?	**Hoe ver is het naar ...?**	hoo vehr iss het nar
¿Cómo llegó a...?	**Hoe kom ik naar ...?**	hoo kom ik nar
¿Habla inglés?	**Spreekt u engels?**	spraykt uw eng-uhls
No entiendo	**Ik snap het niet**	ik snahp het neet
¿Podría hablar más despacio?	**Kunt u langzamer praten?**	kuhnt ew lahng-zarmer-praat-tuh
Perdón	**Sorry**	sorry

Compras

Solo estoy mirando	**Ik kijk alleen even**	ik kaiyk alleyn ay-vuh
¿Cuánto cuesta?	**Hoeveel kost dit?**	hoo-vayl kost dit
¿A qué hora abre?	**Hoe laat gaat u open?**	hoo laat ghaat ew opuh
¿A qué hora cierra?	**Hoe laat gaat u dicht?**	hoo laat ghaat ew dikht
Querría...	**Ik wil graag ...**	ik vhil ghraakh

¿Tienen..?	**Heeft u ...?**	hayft ew
¿Aceptan tarjetas de crédito?	**Neemt u credit cards aan?**	naymt ew credit cards aan?
¿Aceptan cheques de viaje?	**Neemt u reischeques aan?**	naymt ew raiys-sheks aan
Este	**Deze**	day-zuh
Aquel	**Die**	dee
Caro	**duur**	dewr
Barato	**goedkoop**	ghoot-koap
Talla, ropas	**maat**	maat
Blanco	**wit**	vhit
Negro	**zwart**	zvhahrt
Rojo	**rood**	roat
Amarillo	**geel**	ghayl
Verde	**groen**	ghroon
Azul	**blauw**	blah-ew

Tipos de tiendas

tienda de antigüedades	**antiekwinkel**	ahn-teek-vhin-kul
panadería	**bakkerij**	bah-ker-aiy
banco	**bank**	bahnk
librería	**boekwinkel**	book-vhin-kul
carnicería	**slagerij**	slaakh-er-aiy
repostería	**banketbakkerij**	bahnk-et-bahk-er-aiy
puesto de patatas fritas	**frituur/frietkot**	free-to-er/freet-cot
farmacia	**apotheek**	ah-poe-taiyk
delicatessen grandes almacenes	**delicatessen warenhuis**	daylee-kah-tes-suh vhaah-uh-houws
pescadería	**viswinkel**	viss-vhin-kul
verdulería	**groenteboer**	ghroon-tuh-boor
peluquería	**kapper**	kah-per
mercado	**markt**	mahrkt
quiosco	**krantenwinkel**	krahn-tuh-vhin-kul
correos	**postkantoor**	pohst-kahn-tor
supermercado	**supermarkt**	sew-per-mahrkt
estanco	**sigarenwinkel**	see-ghaa-ruh-vhin-kul
Agencia de viajes	**reisburo**	raiys-bew-roa

Visitas

galería de arte	**gallerie**	ghaller-ee
estación de autobús	**busstation**	buhs-stah-shown
pasaje de bus	**kaartje**	kaar-tyuh
catedral	**kathedraal**	kah-tuh-draal
iglesia	**kerk**	kerk
cerrado festivos	**op feestdagen gesloten**	op fayst-daa-ghuh ghuh-slow-tuh
ida y vuelta en el día	**dagretour**	dahgh-ruh-tour
jardín	**tuin**	touwn
biblioteca	**bibliotheek**	bee-bee-yo-tayk
museo	**museum**	mew-zay-um
estación de tren y vuelta	**station**	stah-shown
billete ida	**retourtje**	ruh-tour-tyuh
billete de ida información turística	**enkeltje dienst voor toerisme**	eng-kuhl-tyuh deenst vor tor-ism
ayuntamiento	**stadhuis**	staht-houws
tren	**trein**	traiyn

En el hotel

habitación doble con cama de matrimonio	**een twees persoons-kamer met een twee persoonsbed**	uhn tvhays per-soans-ka-mer met uhn tvhay per-soans beht

habitación individual	eenpersoons-kamer	ayn-per-soans kaa-mer
habitación con dos camas	een kamer met een lits-jumeaux	uhn kaa-mer met uhn lee-zjoo-moh
habitación con baño	kaamer met bad/douche	kaa-mer met baht/doosh
¿Tiene una habitación libre?	Zijn er nog kamers vrij?	zaiyn er nokh kaa-mers vray
Tengo una reserva	Ik heb gereserveerd	ik hehp ghuh-ray-sehr-veert

En el restaurante

¿Hay mesa?	tafel vrij?	tah-fuhl vraiy
Querría reservar una mesa	Ik wil een tafel reserveren	ik vhil uhn tah-fel ray sehr-veer- uh
la cuenta, por favor	De rekening, alstublieft	duh ray-kuh-ning ahls-tew-bleeft
Soy vegetariano	Ik ben vegetariër	ik ben fay-ghuh-taahr-ee-er
Camarero/camarera	serveerster/ober	sehr-veer-ster/oh-ber
La carta	de kaart	duh kaahrt
Carta de vinos	de wijnkaart	duh vhaiyn-kart
vaso	het glass	het ghlahss
botella	de fles	duh fless
cuchillo	het mes	het mess
tenedor	de vork	duh fork
cuchara	de lepel	duh lay-pul
desayuno	het ontbijt	het ont-baiyt
almuerzo	de lunch	duh lernsh
cena	het diner	het dee-nay
plato principal	het hoofdgerecht	het hoaft-ghuh-rekht
entrante, primer plato	het voorgerecht	het vhor-ghuh-rekht
el postre	het nagerecht	het naa-ghuh-rekht
plato del día	het dagschotel	het dahg-skhoa-
bar	het cafe	het kaa-fay
café	het eetcafe	het ayt-kaa-fay
poco hecho	rare	"rare"
en su punto	medium	"medium"
bien hecho	doorbakken	door-bah-kuh

Menú

aardappels	aard-uppuhls	patatas
asperges	as-puhj	espárragos
bier	beeh	cerveza
chocola	sho-koh-laa	chocolate
eend	aynt	pato
fazant	fay-zanh	faisán
forel	foh-ruhl	trucha
frietjes	free-tyuhs	patatas fritas
fruit/vruchten	vroot/vrooh-tuh	fruta
garnaal	gar-nall	arenque
groenten	ghroon-tuh	verduras
haring	haa-ring	arenque
hertenvlees	hair-ten-flayss	ciervo
kalfsvlees	karfs-flayss	ternera
kip	kip	pollo
knoflook	knoff-loak	ajo
koffie	coffee	café
kreeft	krayft	langosta
lamsvlees	lahms-flayss	cordero
lotte/zeeduivel	lot/seafuhdul	rape
mineraalwater	meener-aahl-vhaater	agua mineral
mossel	moss-uhl	mejillón
oester	ouhs-tuh	ostra
pannekoek	pah-nuh-kook	crepe
princesbonen	prins-ess-buh-nun	judías verdes

rog	rog	raya
rundvlees	ruhnt-flayss	vacuno
Sint Jacobsoester/Jacobsschelp	sind-/yakob-ouhs-tuh/yakob-schulp	vieira
snijbonen	snee-buh-nun	judías verdes (redondas)
snoek	snoek	brocheta / lucio
spinazie	spin-a-jee	espinacas
spruitjes	spruhr-tyuhs	coles de Bruselas
thee	tay	té
tonijn	tuhn-een	atún
truffel	truh-fuhl	trufa
varkensvlees	vahr-kuhns-flayss	cerdo
verse jus	vehr-suh zjhew	zumo de naranja
vis	fiss	pescado
vlees	flayss	carne
wafel	vaff-uhl	gofre
water	vhaa-ter	agua
wijn	vhaiyn	vino
witloof	vit-lurf	endivias belgas
zalm	sahlm	salmón
zeebars	see-buhr	lubina
zeebrasem	zee-brah-sum	besugo

Números

1	een	ayn
2	twee	tvhay
3	drie	dree
4	vier	feer
5	vijf	faiyf
6	zes	zess
7	zeven	zay-vuh
8	acht	ahkht
9	negen	nay-guh
10	tien	teen
11	elf	elf
12	twaalf	tvhaalf
13	dertien	dehr-teen
14	veertien	feer-teen
15	vijftien	faiyf-teen
16	zestien	zess-teen
17	zeventien	zayvuh-teen
18	achtien	ahkh-teen
19	negentien	nay-ghuh-tien
20	twintig	tvhin-tukh
21	eenentwintig	aynuh-tvhin-tukh
30	dertig	dehr-tukh
40	veertig	feer-tukh
50	vijftig	faiyf-tukh
60	zestig	zess-tukh
70	zeventig	zay-vuh-tukh
80	tachtig	tahkh-tukh
90	negentig	nayguh-tukh
100	honderd	hohn-durt
1.000	duizend	douw-zuhnt
1.000.000	miljoen	mill-yoon

Tiempo

un minuto	een minuut	uhn meen-ewt
una hora	een uur	uhn ewr
media hora	een half uur	uhn hahlf uur
hora y media	half twee	hahlf twee
un día	een dag	uhn dagh
una semana	een week	uhn vhayk
un mes	een maand	uhn maant
un año	een jaar	uhn jaar
lunes	maandag	maan-dahgh
martes	dinsdag	dins-dahgh
miércoles	woensdag	vhoons-dahgh
jueves	donderdag	donder-dahgh
viernes	vrijdag	vraiy-dahgh
sábado	zaterdag	zaater-dahgh
domingo	zondag	zon-dahgh

Índice de calles de Bruselas